내 손으로 건강하게, 예쁘게, 즐겁게

핸드메이드 마스크

내 손으로
건강하게, 예쁘게, 즐겁게

Handmade Mask

핸드메이드 마스크

김윤주 지음

북센스

지은이의 말

아이 둘을 낳고, 다니던 직장을 그만두고…… 좋아서 취미로 하던 바느질이 직업이 되었습니다. 둘째아이 태교 때부터 시작했으니 벌써 20년이 훌쩍 넘었네요.

우리는 원단과 바늘과 실만 있으면 요술쟁이처럼 무엇이든 만들 수 있습니다. 예쁜 옷을 만들어 입고, 간단한 가방에서 인테리어 소품까지…… 바느질로 할 수 있는 것들은 무궁무진합니다. 바느질로 화려하고 거창한 것을 만들 수도 있지만 우리 생활에 꼭 필요한 작고 소박한 소품을 만들 수도 있습니다. 이것이야말로 작지만 확실한 행복, '소확행'이겠지요.

황사에 미세먼지에 코로나19 바이러스까지…… 마스크는 이제 일상생활 필수품이 되어버렸습니다. 그중에서도 한번 사용하고 매일 버리는 일회용 마스크가 아닌, 매일 빨아서 쓰고 또 쓸 수 있는, 환경을 지킬 수 있는 면마스크의 필요성이 절실하게 느껴졌습니다. 마스크 업체의 가격 상승, 사재기, 공적 마스크를 사기 위해 길게 늘어선 줄……. 이런 혼란스러운 상황 속에서 우리는 직접 면마스크를 만들어 쓰고 가족, 친구, 지인과 나눌 수 있습니다. 마스크를 구하지 못하는 어려운 이

웃에게 마스크를 만들어 나누는 '금손'들의 소식은 어두운 마음에 따듯한 빛처럼 다가옵니다.

바느질하는 우리가 만든 면마스크는 필요한 사람들에게 귀한 선물이 되어줄 것입니다. 한 시간 남짓 꼬물꼬물 손으로 만드는 재미가 있고, 재봉틀을 이용한다면 더 빨리 더 많이 만들 수도 있겠지요. 바느질 경력 24년의 노하우로, 누구나 쉽게 마스크를 만들 수 있도록 여러 번 써보고 고치고 다듬었습니다.

직접 만든 면마스크는 흔히 볼 수 있는 검정이나 흰색이 아닌 내 개성이 담긴 원단으로 훌륭한 패션 소품이 될 수 있습니다. 최근 화두가 되고 있는 업사이클링을 접목하여 입던 옷이나 손수건을 가지고도 멋진 면마스크를 만들 수 있습니다.

이 책을 통해서 바느질로 만드는 기쁨과 선물하는 기쁨까지 느끼는 행복하고 건강한 일상이 되시길 바랍니다.

김윤주

Contents

004 지은이의 말
008 How to read
012 바느질 기본 상식
014 바느질 도구와 부자재
016 마스크 만들기에 적합한 원단

Part 1

모양에 따라서

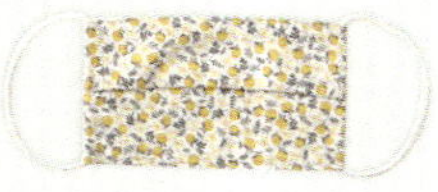

020
평면 사각형
마스크

030
평면 타원형
마스크

040
입체 날개형
마스크

050
입체 주름형
마스크

060
입체 곡선형
마스크

070
필터 교체형
마스크 ❶

080
필터 교체형
마스크 ❷

부록
137 바이러스로부터 내 몸을 지키는 올바른 마스크 사용법
139 재료 구입처
+ 실물 도안

Part 2
끈에 따라서

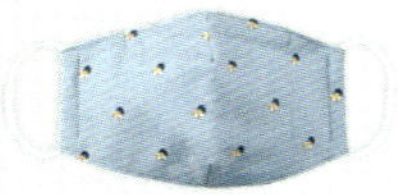

092
고무줄 끼움형
마스크

102
고무줄 고정형
마스크

112
스토퍼형
마스크

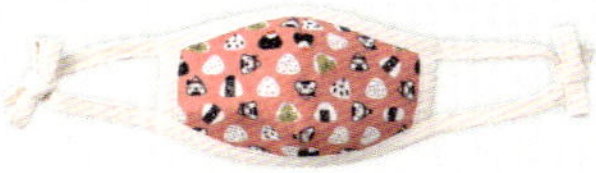

122
바이어스테이프형
마스크

+

132
업사이클링
마스크

How to read

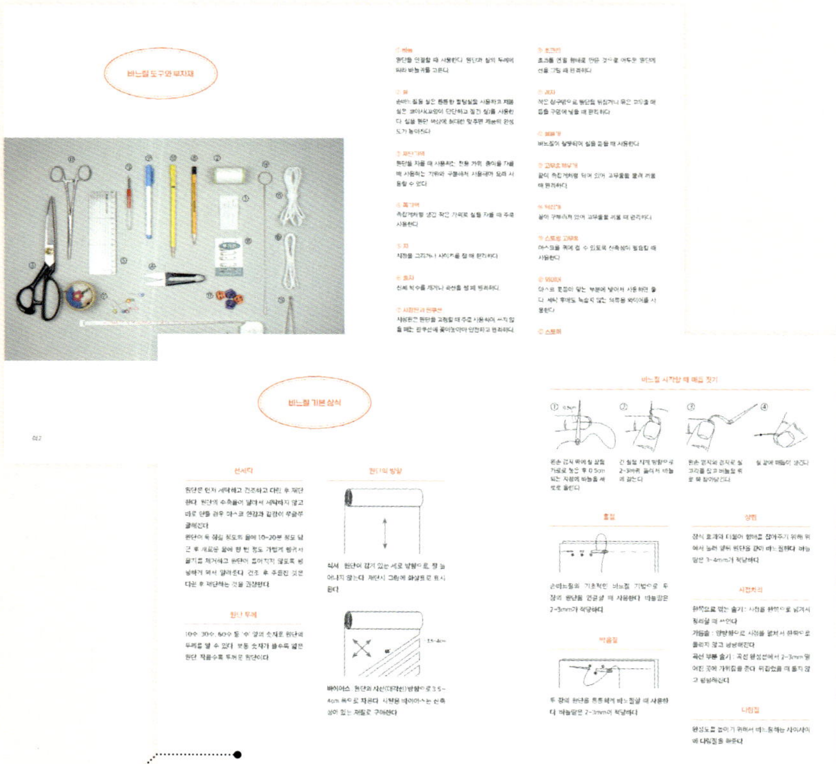

마스크 만들기를 시작하기 전에 준비해야 할 도구 및 재료, 알아야 할 기본 상식들을 핵심만 뽑아서 실었어요. 바느질이 익숙지 않은 분들은 꼼꼼히 읽고 시작하면 좋아요.

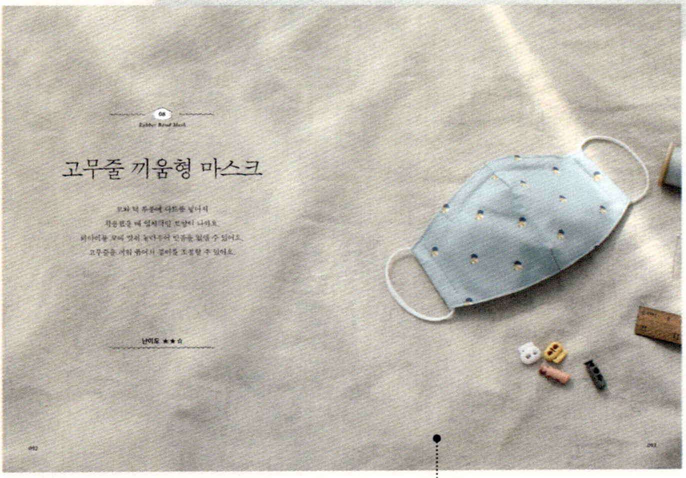

생활환경 속에 자연스럽게 놓여 있는 다양한 마스크의 모습, 종류별 큰 특징 및 난이도를 담았어요.

마스크는 제품을 그냥 볼 때와 직접 착용했을 때 느낌이 많이 다르죠.
성인과 어린이 모델이 실제 착용한 모습을 담았어요.

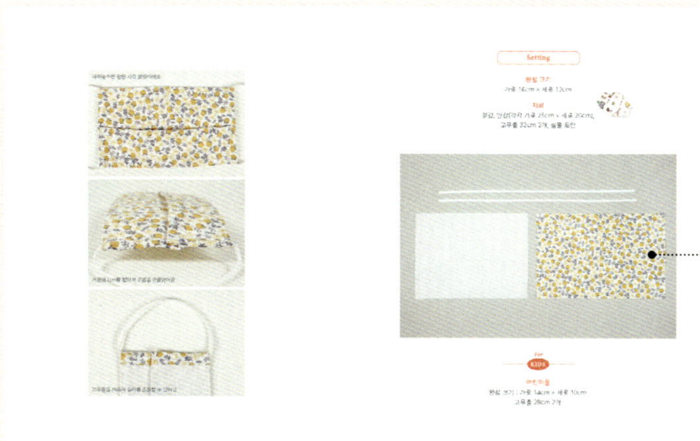

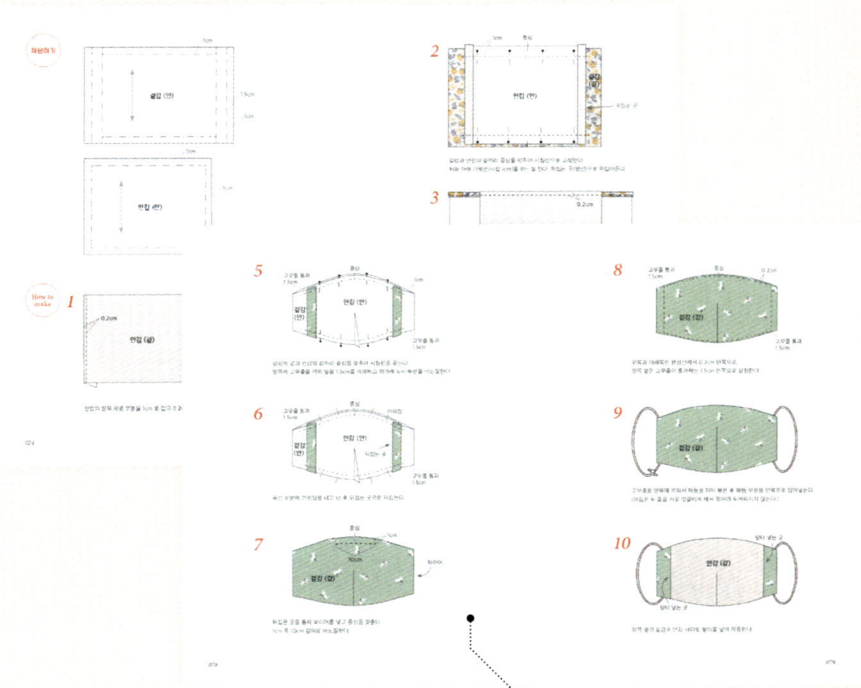

한 단계씩 차근차근 마스크를 만들어볼 수 있도록 자세한 과정을 알기 쉬운 그림으로 담았어요.

마스크 구석구석의 특징을 확대해 보여주는 상세 이미지와 설명, 완성품의 크기와 그에 따라 준비할 재료 및 재단의 모습을 담았어요. 성인용과 어린이용의 크기를 각각 제시해서, 두 버전으로 모두 만들 수 있도록 했어요.

바느질 기본 상식

선세탁

원단은 먼저 세탁하고 건조하고 다린 후 재단한다. 원단의 수축율이 달라서 세탁하지 않고 바로 만들 경우 마스크 안감과 겉감이 쭈글쭈글해진다.
원단이 푹 잠길 정도의 물에 10~20분 정도 담근 후 새로운 물에 한 번 정도 가볍게 헹궈서 물기를 제거하고 원단이 틀어지지 않도록 평평하게 펴서 말려준다. 건조 후 주름진 것은 다린 후 재단하는 것을 권장한다.

원단 두께

10수, 30수, 60수 등 '수' 앞의 숫자로 원단의 두께를 알 수 있다. 보통 숫자가 클수록 얇은 원단, 작을수록 두꺼운 원단이다.

원단의 방향

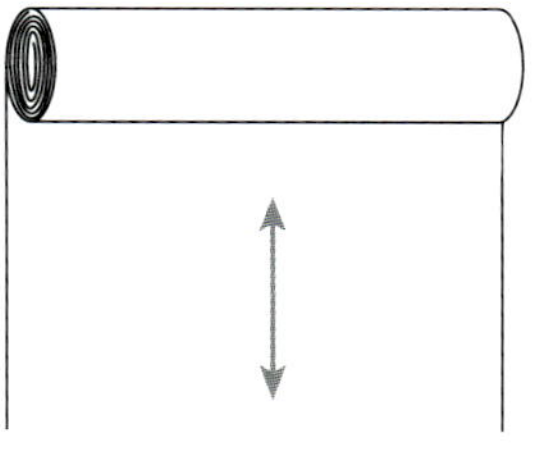

식서 : 원단이 감겨 있는 세로 방향으로, 잘 늘어나지 않는다. 재단시 그림에 화살표로 표시된다.

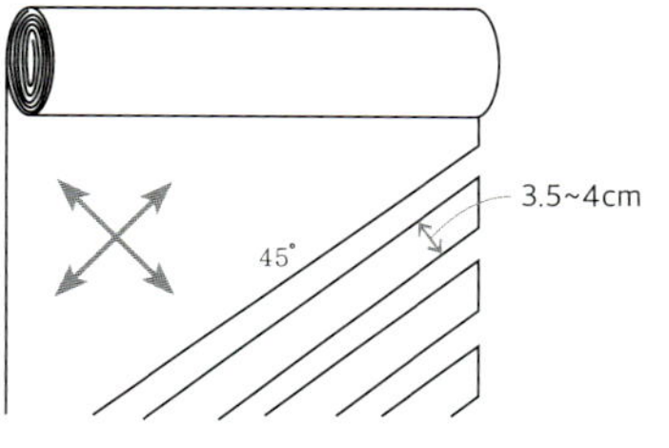

바이어스 : 원단의 사선(대각선) 방향으로 3.5 ~ 4cm 폭으로 자른다. 시판용 바이어스는 신축성이 있는 재질로 구매한다.

바느질 시작할 때 매듭 짓기

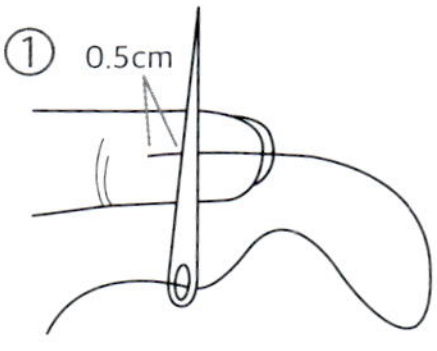

왼손 검지 위에 실 끝을 가로로 놓은 후 0.5cm 되는 지점에 바늘을 세로로 올린다.

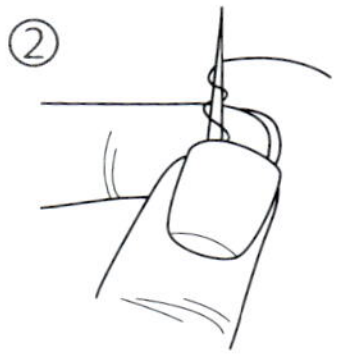

긴 실을 시계 방향으로 2~3바퀴 돌려서 바늘에 감는다.

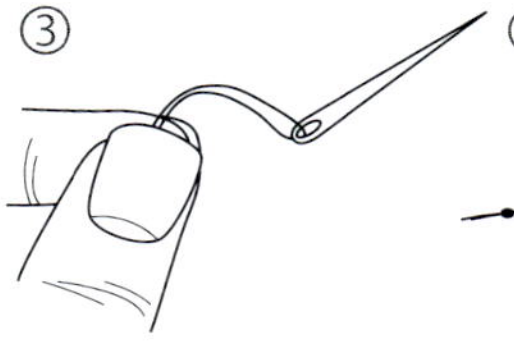

왼손 엄지와 검지로 실 고리를 잡고 바늘을 위로 쭉 잡아당긴다.

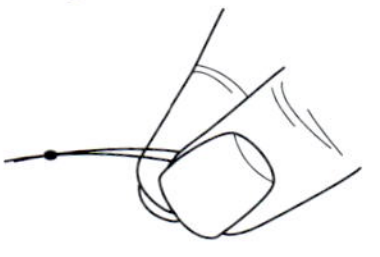

실 끝에 매듭이 생긴다.

홈질

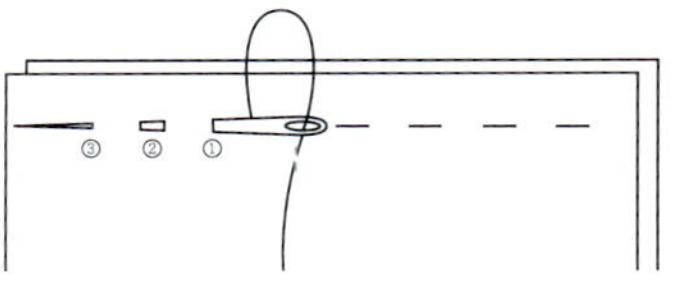

손바느질의 기초적인 바느질 기법으로 두 장의 원단을 연결할 때 사용한다. 바늘땀은 2~3mm가 적당하다.

박음질

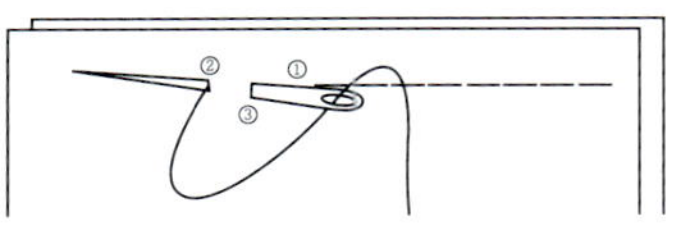

두 장의 원단을 튼튼하게 바느질할 때 사용한다. 바늘땀은 2~3mm가 적당하다.

상침

장식 효과와 더불어 형태를 잡아주기 위해 위에서 눌러 앞뒤 원단을 같이 바느질한다. 바늘땀은 3~4mm가 적당하다.

시접 처리

한쪽으로 꺾는 솔기 : 시접을 한쪽으로 넘겨서 정리할 때 쓰인다.

가름솔 : 양방향으로 시접을 펼쳐서 한쪽으로 몰리지 않고 평평해진다.

곡선 부분 솔기 : 곡선 완성선에서 2~3mm 떨어진 곳에 가위집을 준다. 뒤집었을 때 울지 않고 평평해진다.

다림질

완성도를 높이기 위해서 바느질하는 사이사이에 다림질을 해준다.

바느질 도구와 부자재

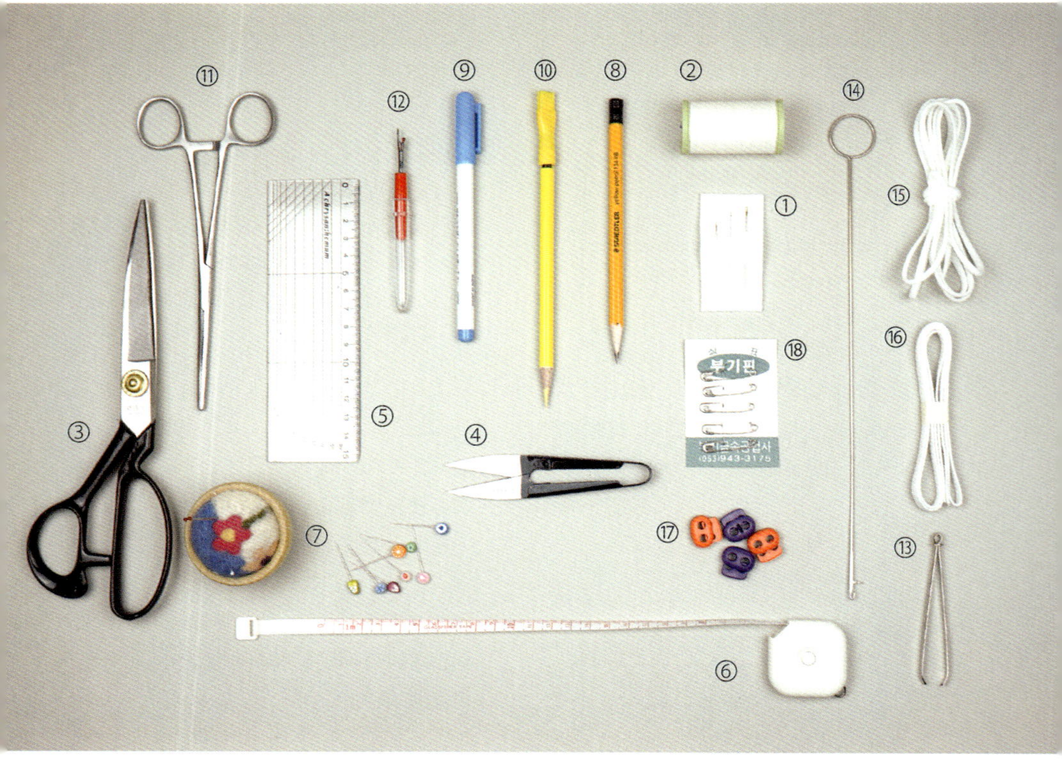

① 바늘
원단을 연결할 때 사용한다. 원단과 실의 두께에 따라 바늘귀를 고른다.

② 실
손바느질용 실은 튼튼한 퀼팅실을 사용하고 재봉실은 코아사(꼬임이 단단하고 질긴 실)를 사용한다. 실을 원단 색상에 최대한 맞추면 제품의 완성도가 높아진다.

③ 재단가위
원단을 자를 때 사용하는 전용 가위. 종이를 자를 때 사용하는 가위와 구분해서 사용해야 오래 사용할 수 있다.

④ 쪽가위
족집게처럼 생긴 작은 가위로 실을 자를 때 주로 사용한다.

⑤ 자
시접을 그리거나 사이즈를 잴 때 필요하다.

⑥ 줄자
신체 치수를 재거나 곡선을 잴 때 사용한다.

⑦ 시침핀과 핀쿠션
시침핀은 원단을 고정할 때 주로 사용하며, 쓰지 않을 때는 핀쿠션에 꽂아놓아야 안전하고 편리하다.

⑧ 연필
원단 안쪽에 실물 도안을 그릴 경우 2B처럼 연한 연필이 잘 그려진다.

⑨ 수성펜
원단의 겉쪽에 선을 그리거나 표시할 때 편리하며 물을 뿌리면 자국이 사라진다.

⑩ 초크펜
초크를 연필 형태로 만든 것으로 어두운 원단에 선을 그릴 때 편리하다.

⑪ 겸자
작은 창구멍으로 원단을 뒤집거나 묶은 고무줄 매듭을 구멍에 넣을 때 편리하다.

⑫ 실뜯개
바느질이 잘못되어 실을 뜯을 때 사용한다.

⑬ 고무줄끼우개
끝이 족집게처럼 되어 있어 고무줄을 물려 끼울 때 편리하다.

⑭ 뒤집개
끝이 구부러져 있어 고무줄을 끼울 때 편리하다.

⑮ 스트링 고무줄
마스크를 귀에 걸 수 있도록 신축성이 필요할 때 사용한다.

⑯ 와이어
마스크 콧등이 닿는 부분에 넣어서 사용하면 좋다. 세탁 후에도 녹슬지 않는 의류용 와이어를 사용한다.

⑰ 스토퍼
고무줄이나 끈의 길이를 얼굴에 맞게 조절하는 데 쓰인다.

⑱ 옷핀
고무줄을 끼우는 도구가 없을 때 사용한다.

마스크 만들기에 적합한 원단

겉감

면 30, 40수

무명이나 목화솜을 원료로 한 실로 짠 대표적인 천연섬유. 부드럽고 강도가 뛰어나다.

린넨 코튼 15수

천연섬유 아마의 실과 목화솜을 원료로 한 실을 섞어서 짠 천. 강도가 뛰어나다.

삼베 30수

천연섬유 대마의 줄기로 짠 천. 항균, 항독, 방충성이 뛰어나다. 수분 흡수력과 배출력이 좋다. 탈취 기능과 자외선 전자파 차단 기능이 있다.

다이마루 40수

니트류 면 원단으로 가로 방향 신축성이 있다. 주로 아이 옷 만드는 천으로 사용된다.

안감

소창 40수

이불의 안감이나 기저귓감으로 많이 쓰는 천으로 열전도율이 커서 건조가 빠르다.

광목 40, 60수

무명실로 짠 천연섬유. 날염 원단의 밑지로 많이 쓰인다.

더블거즈 40수

가볍고 부드러운 무명실로 짠 성기고 얇은 천. 두 겹으로 만들어 아기 손수건 등에 쓰인다.

다이마루 40수

니트류 면 원단으로 가로 방향 신축성이 있다. 주로 아이 옷 만드는 천으로 사용된다. 안감은 입에 직접 닿으므로 무염색 무표백을 권장한다.

필터

F80, F94 등 미세먼지나 바이러스에 따라서 전문 인증을 받은 것을 사용한다.

Part

1

모양에 따라서

평면 사각형 마스크

평면 타원형 마스크

입체 날개형 마스크

입체 주름형 마스크

입체 곡선형 마스크

필터 교체형 마스크 ❶

필터 교체형 마스크 ❷

01

Plane Square Mask

평면 사각형 마스크

마스크 만들기의 가장 기본형이라고 할 수 있어요.
추위로부터 목을 보호하는 방한용 마스크로 좋아요.
가운데 크게 잡힌 한 줄 주름이 특징이에요.
고무줄을 끼워 묶어서 길이를 조절할 수 있어요.

난이도 ★☆☆

If I read a book and it makes
my whole body so cold
no fire can warm me
I know that is poetry.
If I feel physically as if
the top of my head w
I know that is poet
These are the only
Is there any oth

01

Plane Square Mask

내려놓으면 평면 사각 모양이에요.

가운데 1cm를 접어서 주름을 만들었어요.

고무줄을 끼워서 길이를 조절할 수 있어요.

Setting

완성 크기

가로 16cm × 세로 12cm

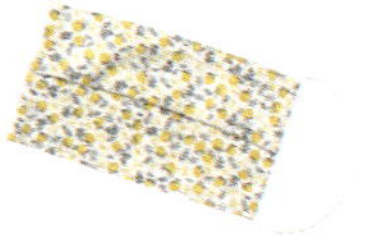

재료

겉감, 안감(각각 가로 25cm × 세로 20cm),
고무줄 32cm 2개, 실물 도안

For
KIDS

어린이용

완성 크기 : 가로 14cm × 세로 10cm
고무줄 28cm 2개

재단하기

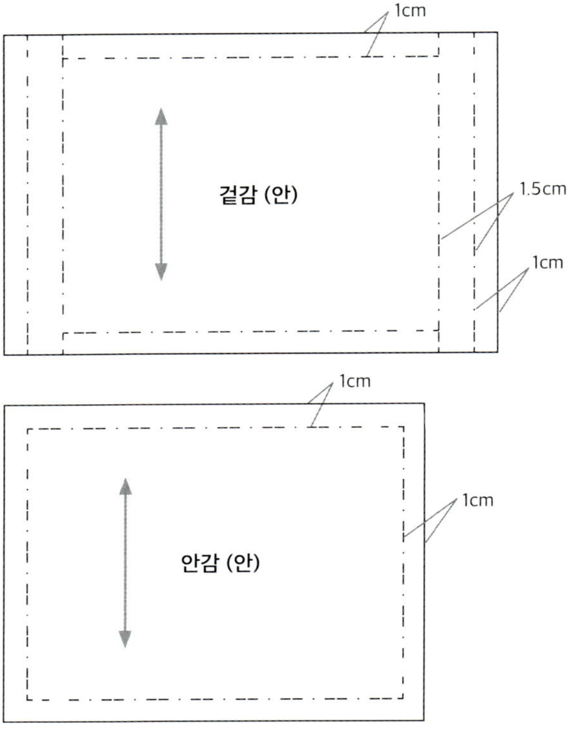

How to make

1

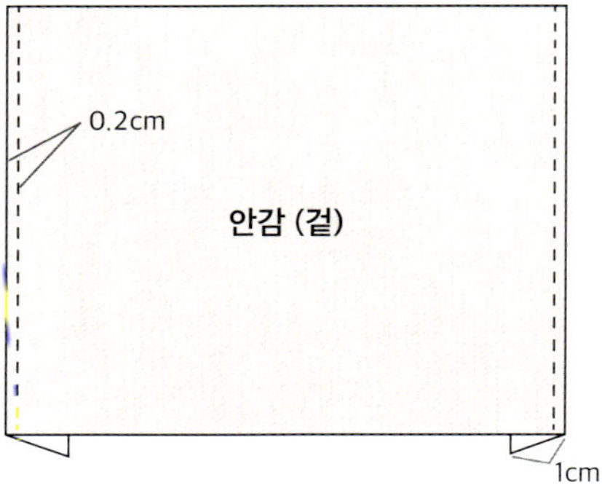

안감의 양쪽 세로 부분을 1cm 로 접고 0.2cm 되는 위치에 바느질한다.

2

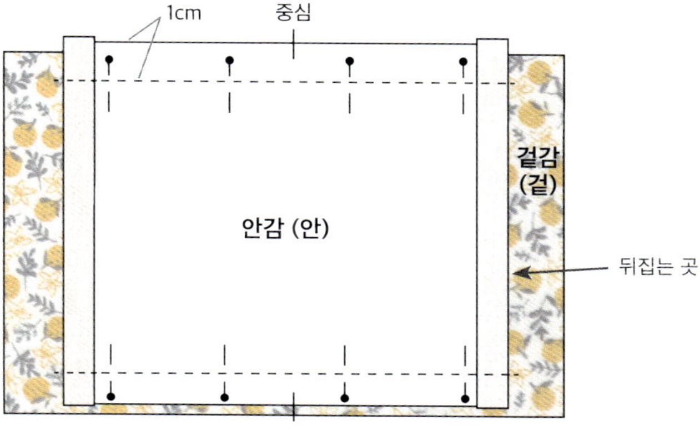

겉감과 안감의 겉끼리 중심을 맞추어 시침핀으로 고정한다.
위와 아래 가로선(시접 1cm)을 바느질한다. 뒤집는 곳(옆선)으로 뒤집는다.

3

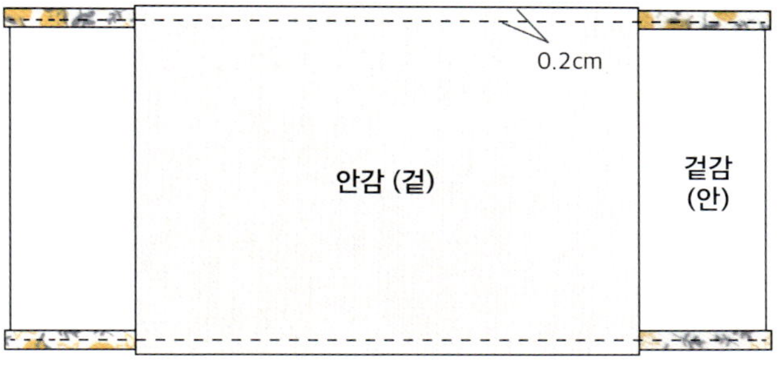

위와 아래 가로선을 완성선에서 0.2cm 안쪽으로 상침한다.
(겉감과 안감 원단을 동시에 바느질)

4

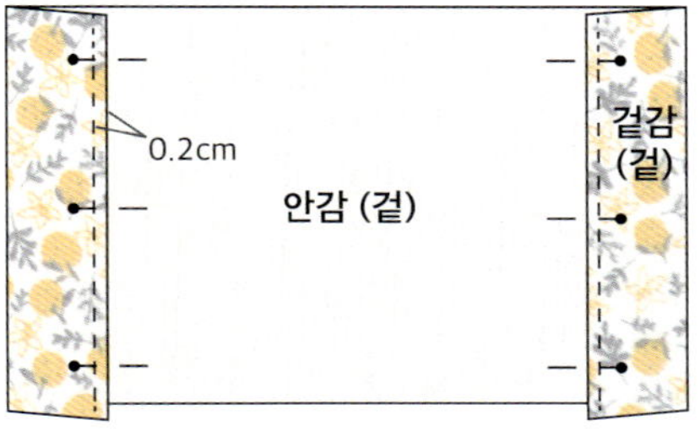

겉감의 양쪽 옆부분을 안감 쪽으로 1cm 한 번, 1.5cm 한 번 말아서 접는다.
시침핀으로 고정한 후 접힌 끝에서 0.2cm 안쪽으로 바느질한다.

5

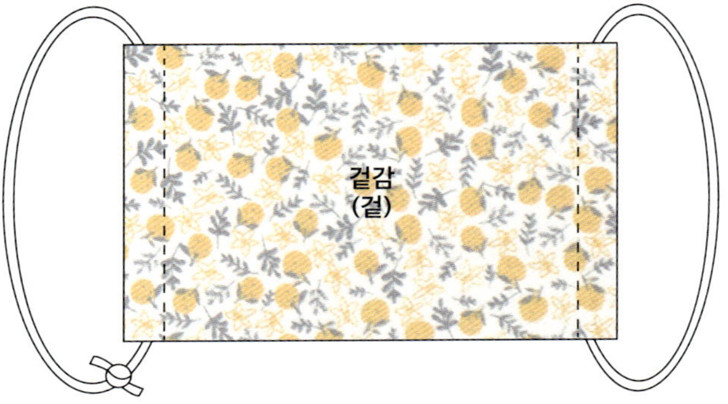

고무줄을 양쪽에 끼워서 매듭을 지어 묶은 후 매듭 부분을 안쪽으로 집어넣는다.
(매듭은 두 줄을 서로 엇갈리게 해서 묶어야 두꺼워지지 않는다.)

6

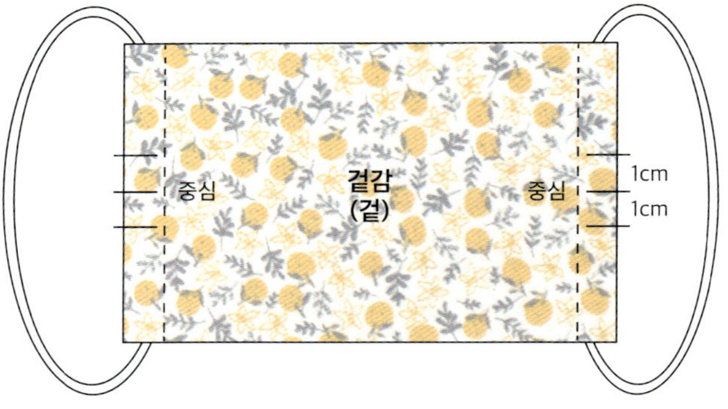

양쪽 옆선의 중심을 표시하고 위아래 1cm 간격으로 선을 긋는다.

7

크시한 선이 포개지도록 중심선을 기준으로 위쪽 1cm 선을
아래로 접어 내린 후 시침핀을 꽂는다.

8

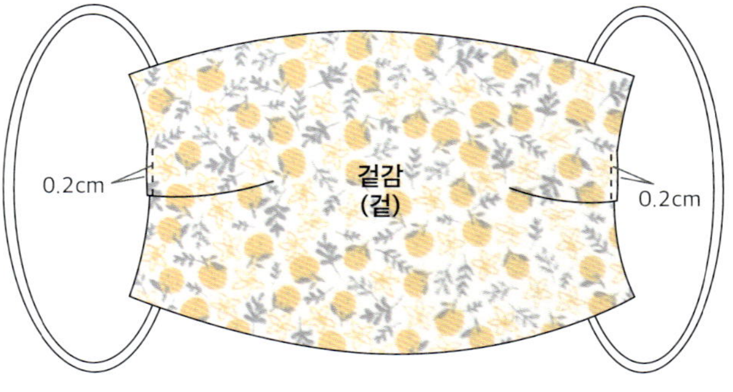

완성선에서 0.2cm 되는 부분을 두세 번 튼튼하게 바느질한다.
착용 시 얼굴에 맞춰 주름을 잘 펴서 사용한다.

02

Plane Round Mask

평면 타원형 마스크

사각형 마스크를 쓰면 코와 턱 부분이 뜰 수 있죠.
그 점을 보완하기 위해 다트*를 넣은 곡선 형태의 마스크랍니다.
광대뼈 부분에 원단이 들뜨지 않고 코와 입을 가릴 수 있고
고무줄을 끼워 묶어서 길이를 조절할 수 있어요.

난이도 ★★☆

*다트 : 몸에 잘 맞는 모양을 내기 위해 쐐기 모양으로 천을 꿰매주는 봉제 기술.

02

Plane Round Mask

코 부분에 다트를 넣어서 모양을 잡았어요.

고무줄을 끼워서 길이를 조절할 수 있어요.

반으로 접어서 휴대하기 좋아요.

Setting

완성 크기

가로 14cm × 세로 10cm

재료

겉감, 안감(각각 가로 25cm × 세로 20cm),
고무줄 22cm 2개, 실물 도안

For

ADULT

성인용

완성 크기 : 가로 18cm × 세로 13cm
고무줄 28cm 2개

재단하기

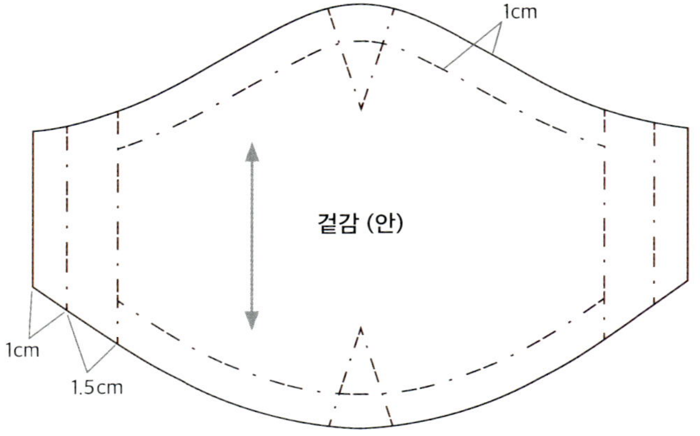

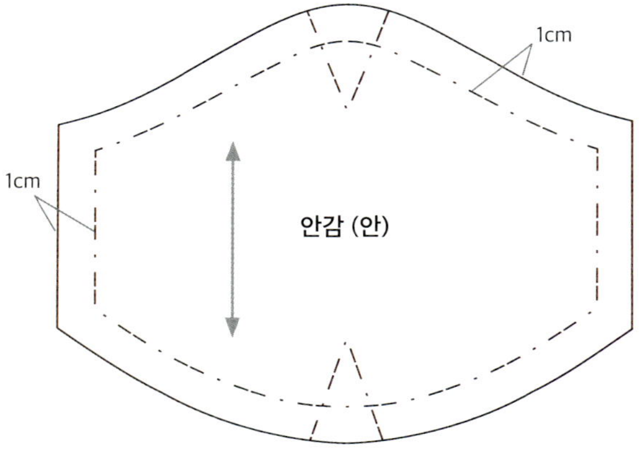

How to make

1

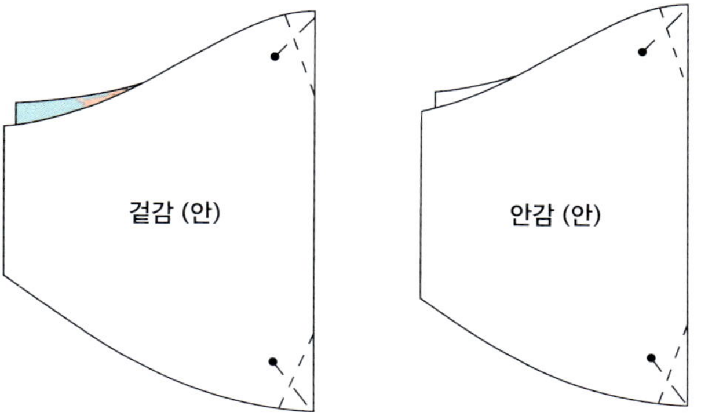

겉감의 겉끼리 마주하도록 반으로 접고 위아래 다트를 시침핀으로 고정한 후 바느질한다.
(안감도 동일하게 한다.)

2

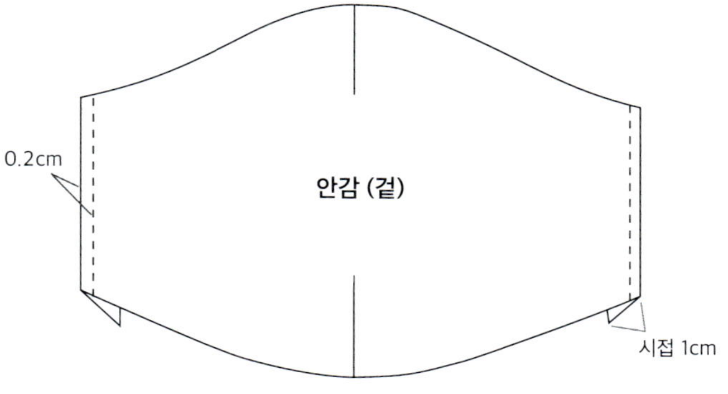

안감의 양쪽 세로 부분을 1cm로 접고 0.2cm 되는 위치에 바느질한다.

3

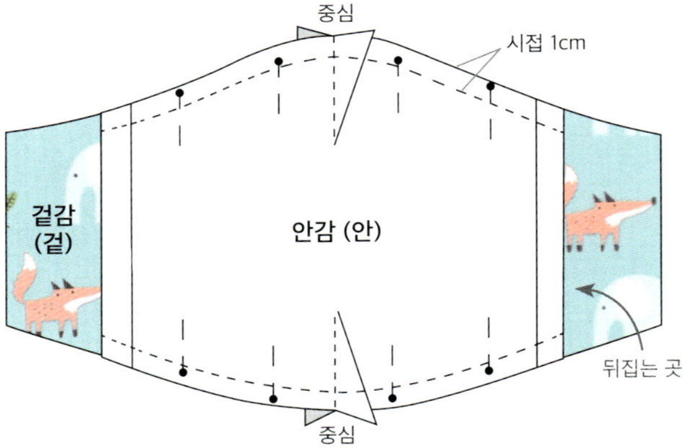

겉감과 안감의 겉끼리 중심을 맞추어 시침핀으로 고정한다.
(위아래의 다트 시접은 겉감과 안감이 서로 교차되게 한다.)
위와 아래 가로선(시접 1cm)을 바느질한다. 뒤집는 곳(옆선)으로 뒤집는다.

4

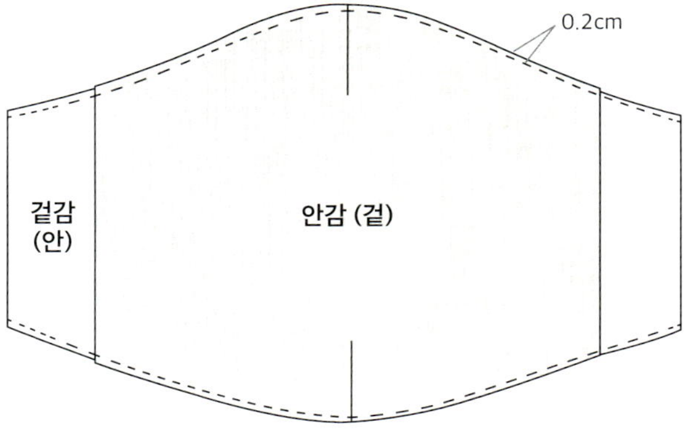

위와 아래 가로선을 완성선에서 0.2cm 안쪽으로 상침한다.
(겉감과 안감 원단을 동시에 바느질한다.)

5

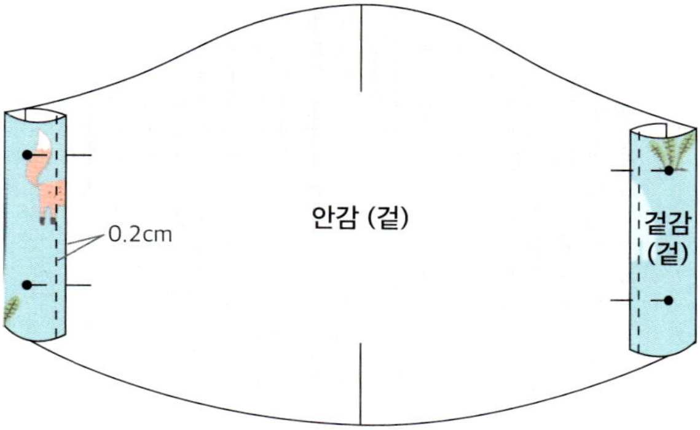

겉감의 양쪽 옆부분을 안감 쪽으로 1cm 한 번, 1.5cm 한 번 말아서 접는다.
시침핀으로 고정한 후 접힌 끝에서 0.2cm 안쪽으로 바느질한다.

6

고무줄을 양쪽에 끼워서 매듭을 지어 묶은 후 매듭 부분을 안쪽으로 집어넣는다.
(매듭은 두 줄을 서로 엇갈리게 해서 묶어야 두꺼워지지 않는다.)

03

3D Wing Mask

입체 날개형 마스크

그냥 두었을 때는 평면형과 비슷하게 납작한 모양이지만
착용한 후에 날개를 펼치면 입체적으로 코와 턱까지 덮어져요.
코 부분에 와이어를 넣어서 착용 후 코 라인에 맞춰
눌러주면 빈틈을 없앨 수 있어요.

난이도 ★★☆

03

3D Wing Mask

내려놓으면 납작한 네모 모양이에요.

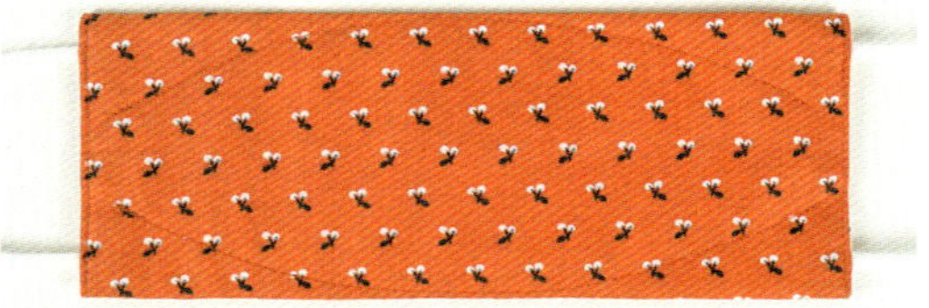

안쪽 날개를 펼칠 수 있어요.

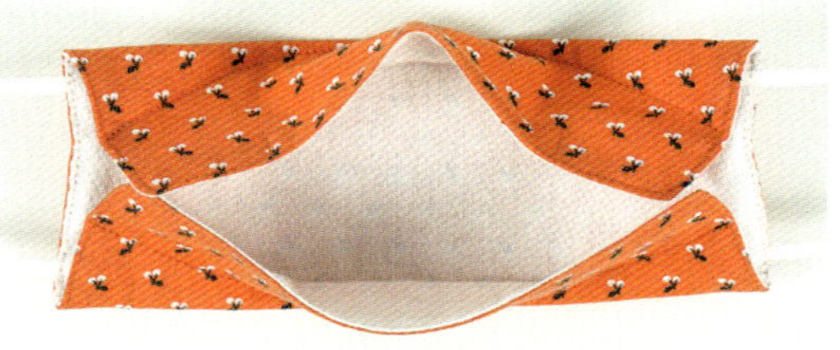

고무줄이 고정되어 있어요.

Setting

완성 크기

가로 21cm × 세로 8cm

재료

겉감, 안감(각각 가로 30cm × 세로 30cm),
고무줄 18cm 2개, 와이어 8cm 1개, 실물 도안

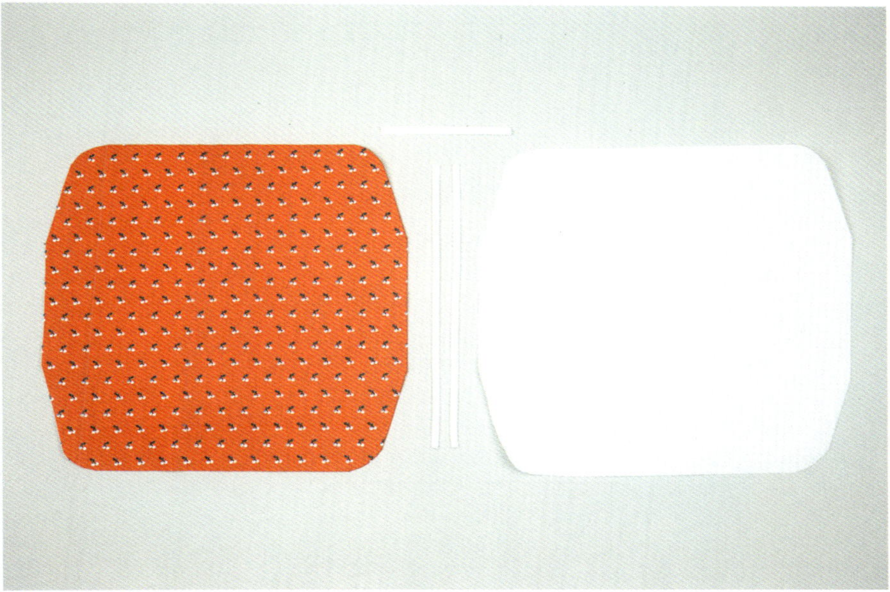

For **KIDS**

어린이용

완성 크기 : 가로 18cm × 세로 7cm
고무줄 16cm 2개, 와이어 6cm 1개

재단하기

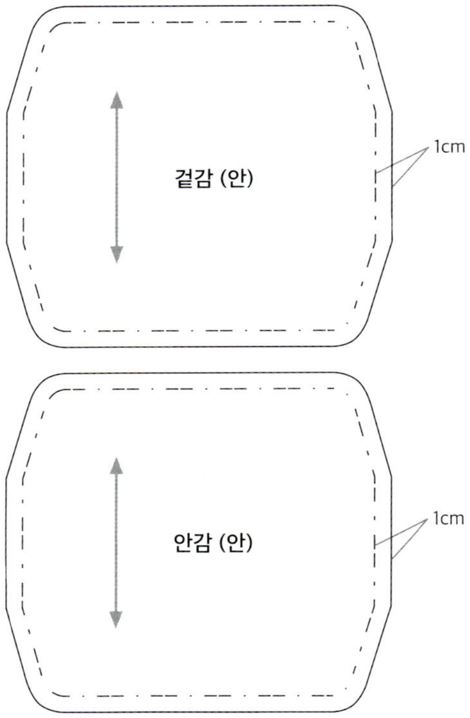

How to make 1

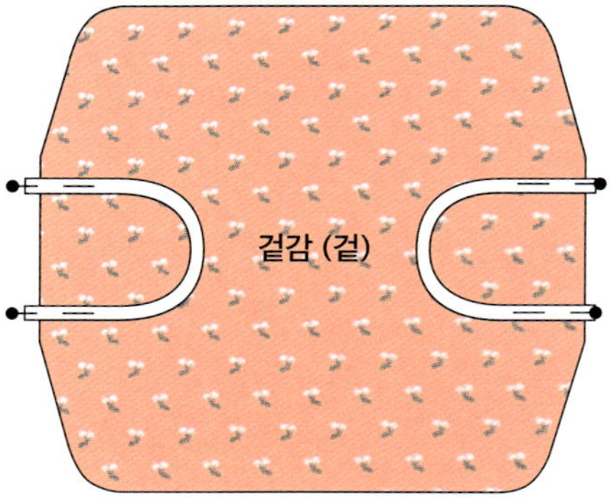

겉감 양쪽에 고무줄을 놓고 시침핀으로 고정한다.

2

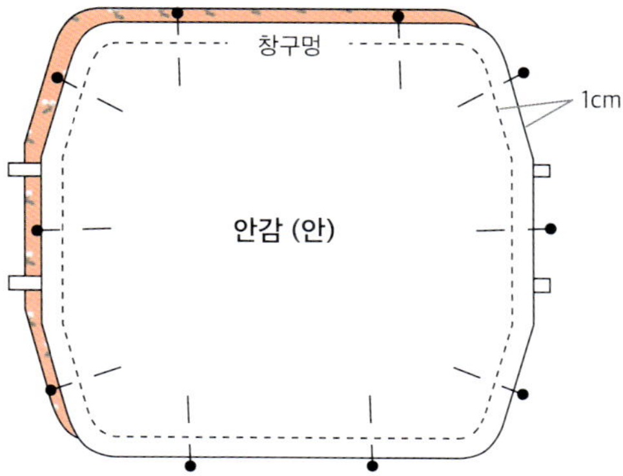

겉감의 겉과 안감의 겉이 마주하도록 놓고 시침핀으로 고정한다.
창구멍을 제외하고 바느질한다. (고무줄 부분은 두세 번 튼튼하게 되박음질한다.)

3

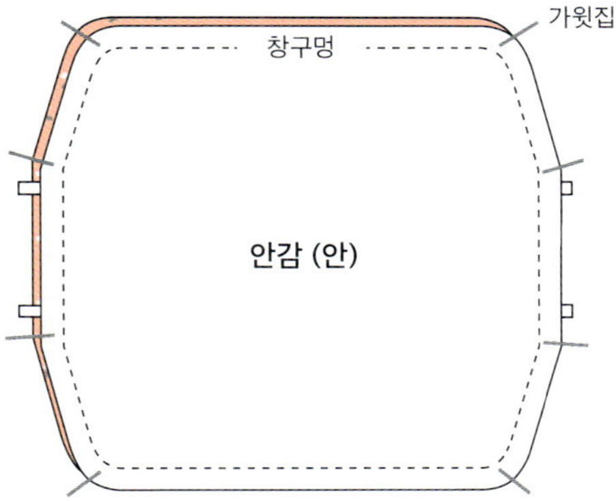

모서리에 가윗집을 준 후 창구멍으로 뒤집는다.

4

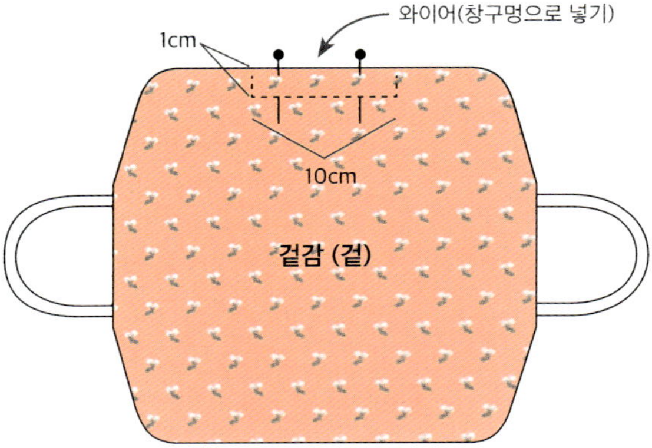

창구멍으로 와이어를 넣고 창구멍 중심과 와이어 중심을 맞추어 시침핀으로 고정한다.
1cm 간격으로 와이어가 고정되도록 바느질한다.

5

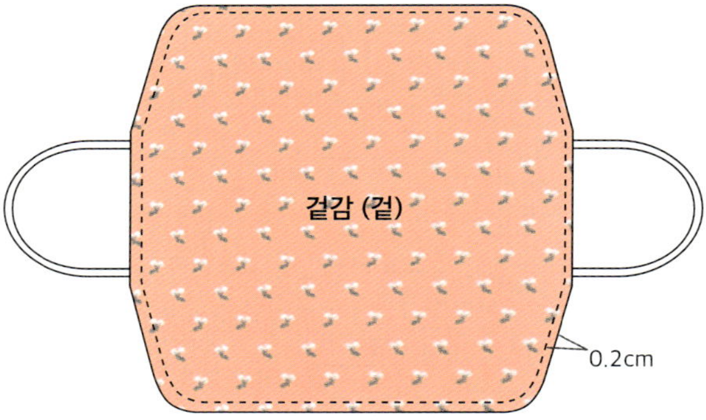

완성선에서 0.2cm 안쪽으로 상침한다.

6

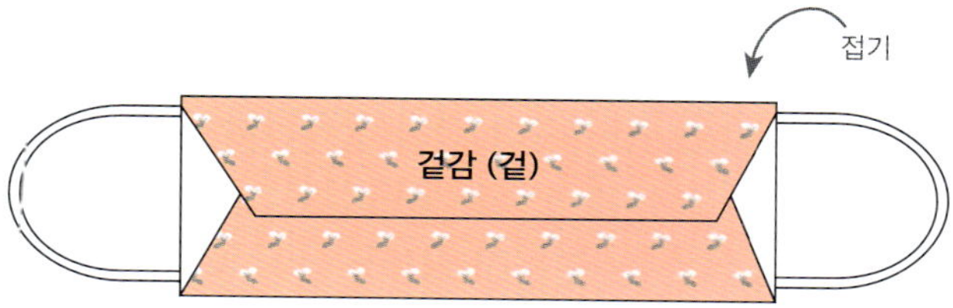

아래쪽을 먼저 접어 올리고 위쪽을 접어 내린다.

7

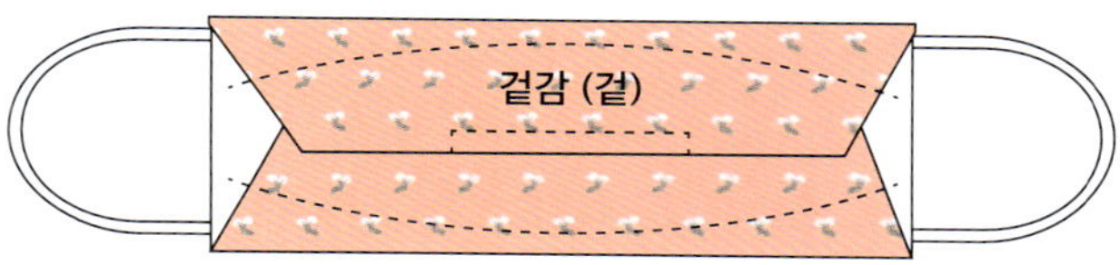

입체 날개 모양을 만들기 위해 가로 방향 타원으로 위와 아래를 상침한다.
(시작과 끝나는 부분을 3~4회 반복해서 튼튼하게 한다.)

8

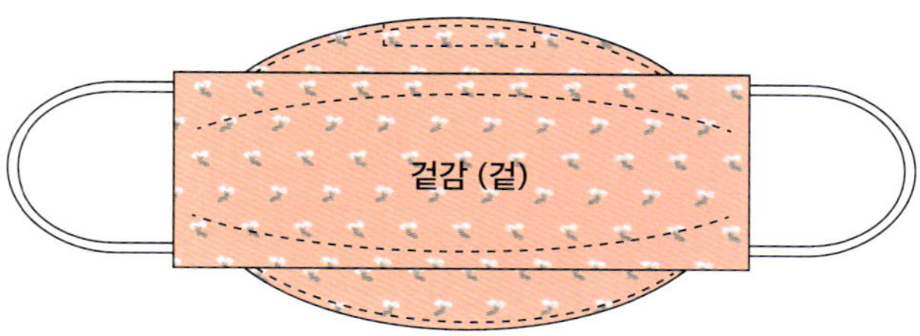

접힌 부분을 펴주면 날개 모양이 완성된다.

04

3D Wrinkle Mask

입체 주름형 마스크

그냥 두었을 때는 평면형과 비슷하게 납작한 모양이지만
착용한 후에 주름이 펴지면서 입체적으로 코와 턱까지 덮어져요.
코 부분에 와이어를 넣어서 착용 후 코 라인에 맞춰
눌러주면 빈틈을 없앨 수 있어요.

난이도 ★★☆

04

3D Wrinkle Mask

내려놓으면 납작한 네모 모양이에요.

여러 겹 주름이 펼쳐졌을 때 아늑하게 감싸줘요.

옆 모서리 주름 모양이 아름다워요.

Setting

완성 크기

가로 18cm × 세로 9cm

재료

겉감, 안감(각각 가로 25cm × 세로 25cm),
고무줄 18cm 2개, 와이어 8cm 1개, 실물 도안

For
KIDS

어린이용

완성 크기 : 가로 15cm × 세로 10cm
고무줄 16cm 2개, 와이어 6cm 1개

재단하기

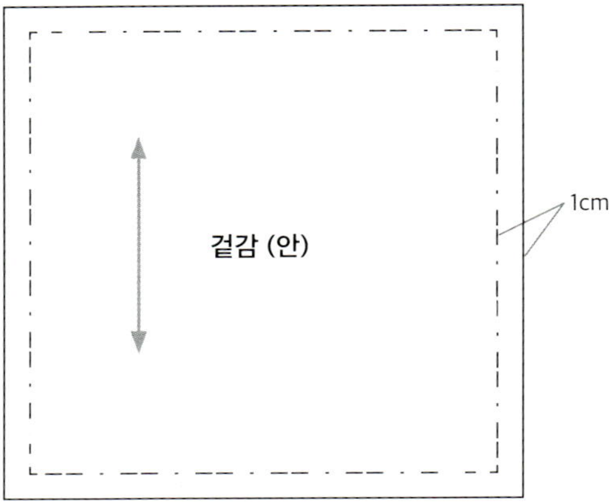

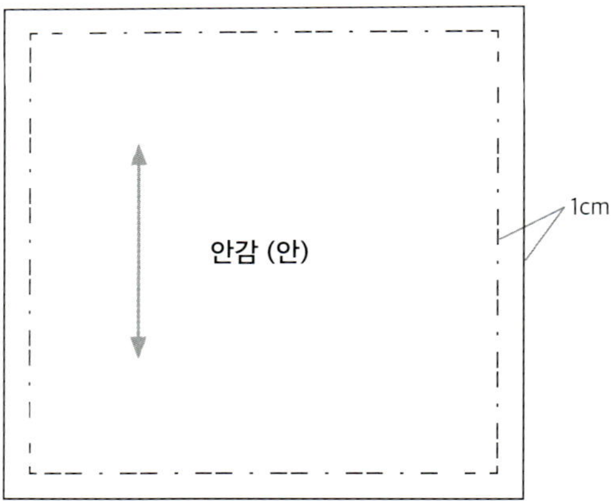

How to make

1

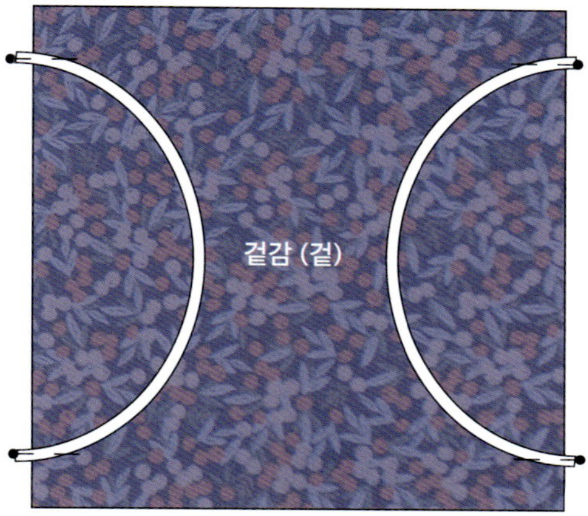

겉감 양쪽에 고무줄을 놓고 시침핀으로 고정한다.

2

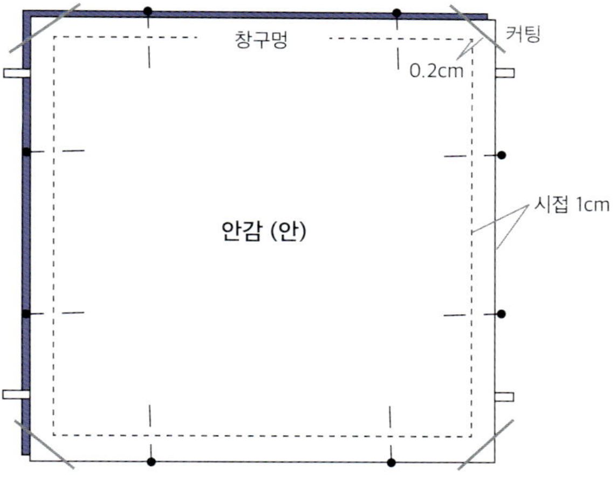

겉감의 겉과 안감의 겉이 마주하도록 놓고 시침핀으로 고정한다.
창구멍을 제외하고 1cm 부분을 바느질한다.
(고무줄 부분은 두세 번 튼튼하게 되박음질한다.)
모서리 시접은 바느질선에서 0.2cm 남기고 가위로 잘라낸다.

3

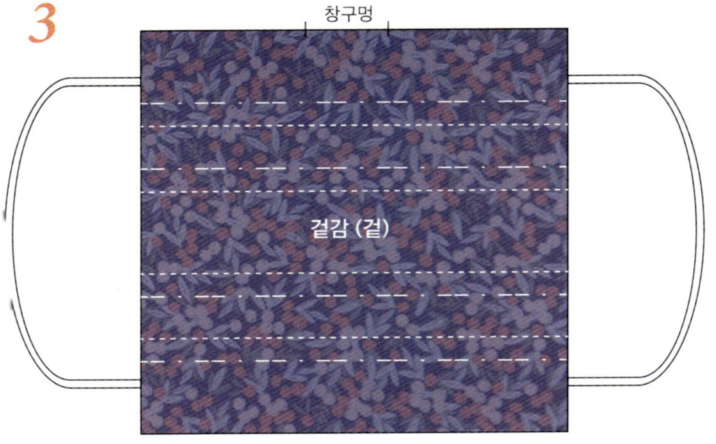

창구멍으로 뒤집은 후 주름 잡을 부분을 초크펜으로 표시한다.

4

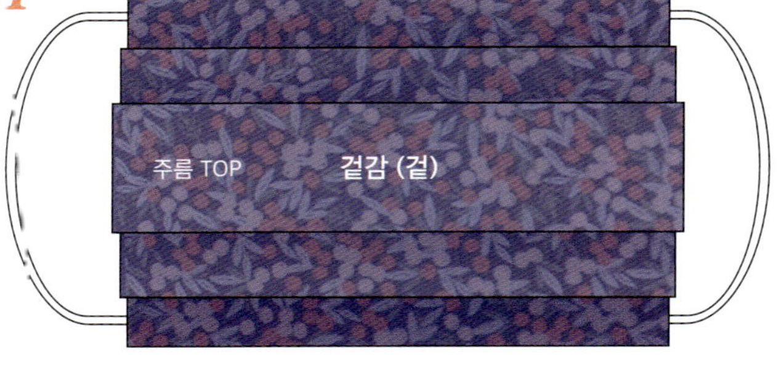

주름 TOP을 중심으로 대칭이 되도록 안쪽을 접어 다림질한다.
(고무줄은 다리미에 닿지 않도록 한다.)

5

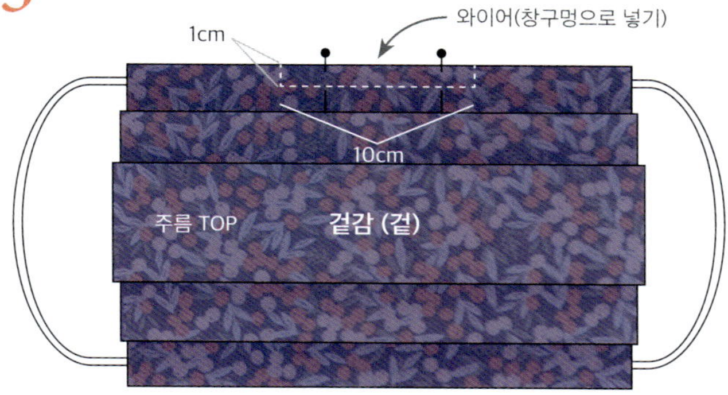

창구멍으로 와이어를 넣고 창구멍 중심과 와이어 중심을 맞추어 시침핀으로 고정한다.
1cm 간격으로 와이어가 고정되도록 바느질한다.

6

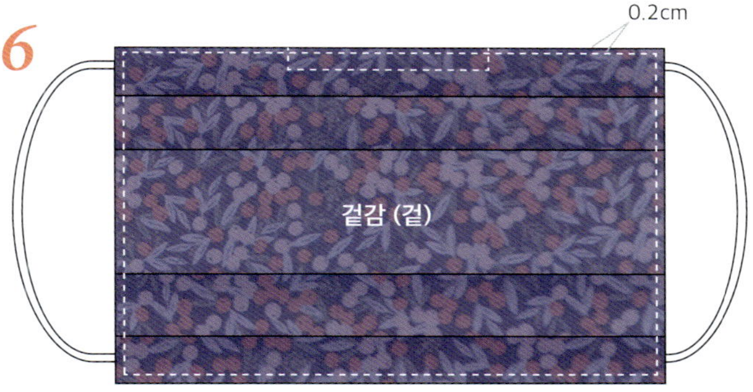

완성선에서 0.2cm 안쪽으로 상침한다.
(주름 접히는 부분은 두세 번씩 되박음질한다.)

05

3D Round Mask

입체 곡선형 마스크

좌우 대칭 곡선형 디자인이에요.

오뚝한 코를 편안히 감싸줘서 특히 착용감이 좋아요.

코 부분에 와이어를 넣어서 착용 후

코 라인에 맞춰 눌러주면 빈틈을 없앨 수 있어요.

고무줄을 끼워 묶어서 길이를 조절할 수 있어요.

난이도 ★★★

05

3D Round Mask

코 부분에 와이어를 넣어서 오뚝하게 세워져요.

고무줄을 끼워서 길이를 조절할 수 있어요.

반으로 접어서 휴대하기 좋아요.

Setting

완성 크기

가로 16cm × 세로 10cm

재료

겉감, 안감(각각 가로 35cm × 세로 20cm),
고무줄 22cm 2개, 와이어 6cm 1개, 실물 도안

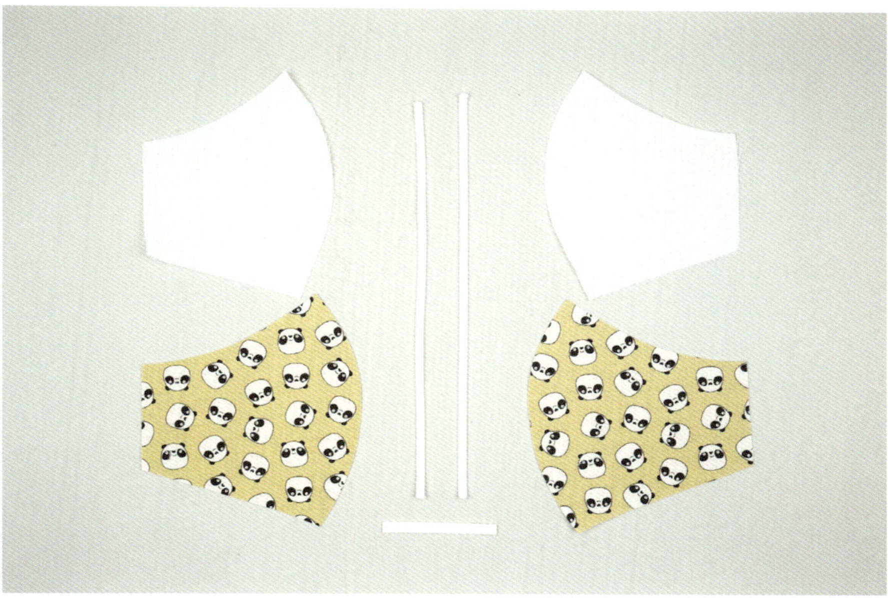

For
ADULT

성인용

완성 크기 : 가로 20cm × 세로 15cm
고무줄 28cm 2개, 와이어 8cm 1개

재단하기

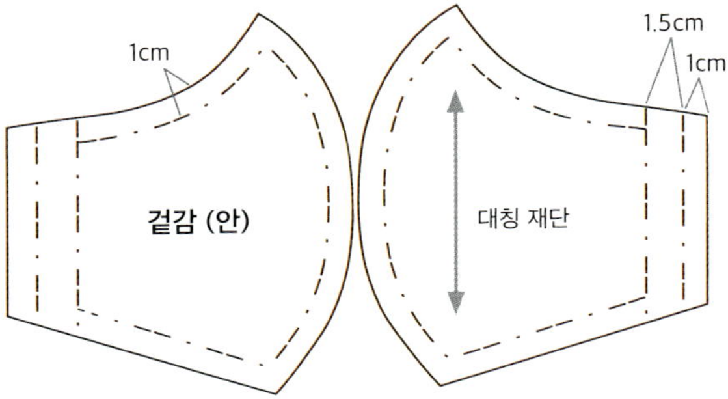

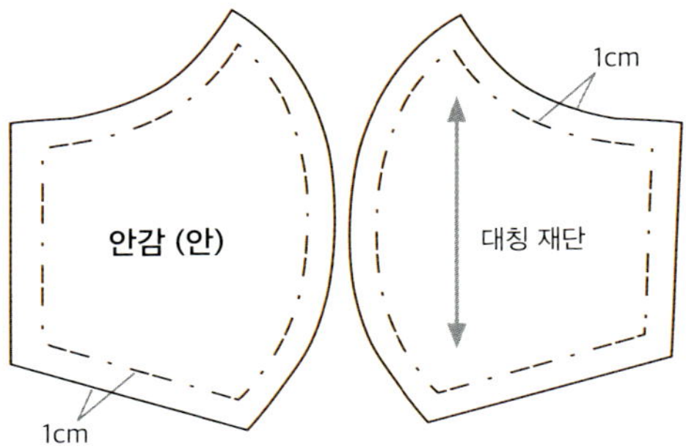

How to make 1

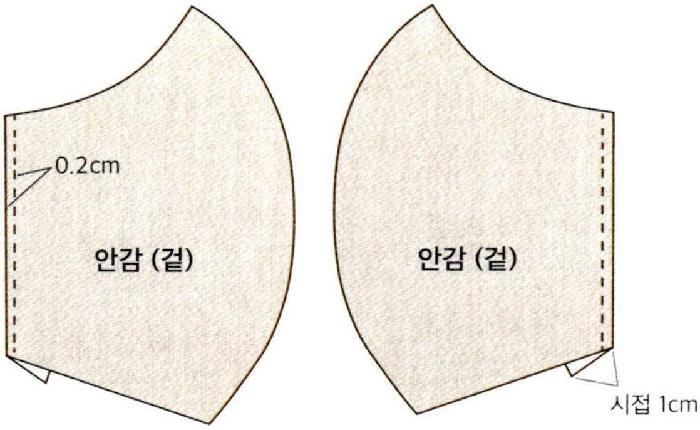

안감의 양쪽 세로 부분을 1cm 접고 0.2cm 되는 위치에 바느질한다.

2

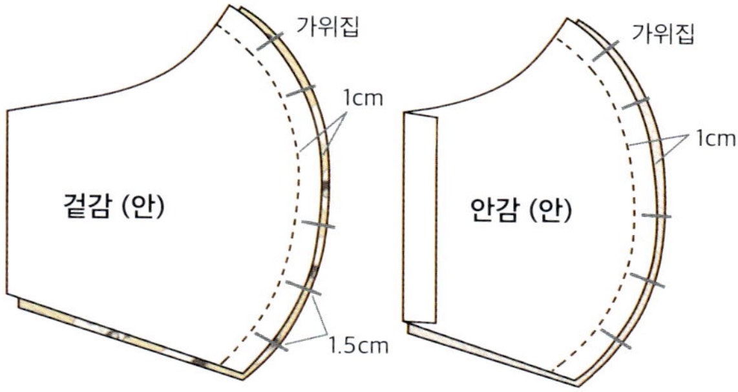

겉감의 겉끼리 마주하게 반으로 접고 곡선 부분을 바느질한다.
바느질한 곡선에 1.5cm 간격으로 가위집을 낸다(안감도 동일하게 한다).

3

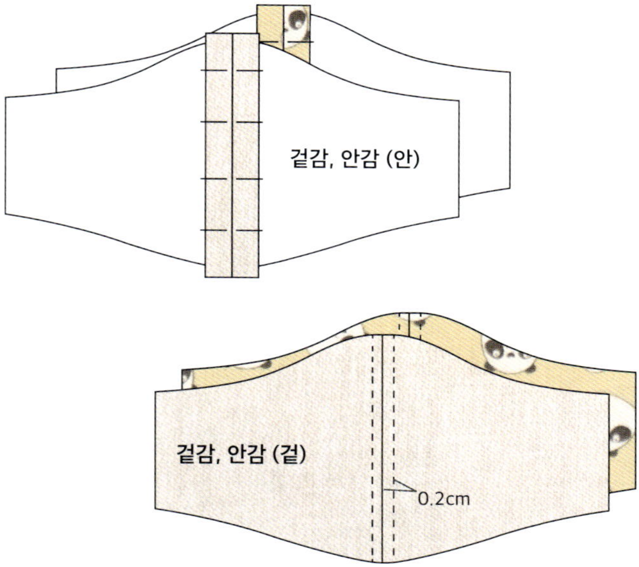

겉감과 안감 시접 부분을 양쪽으로 가름솔한다.
가름솔한 시접 중심선에서 양쪽으로 0.2cm 부분을 상침한다.

4

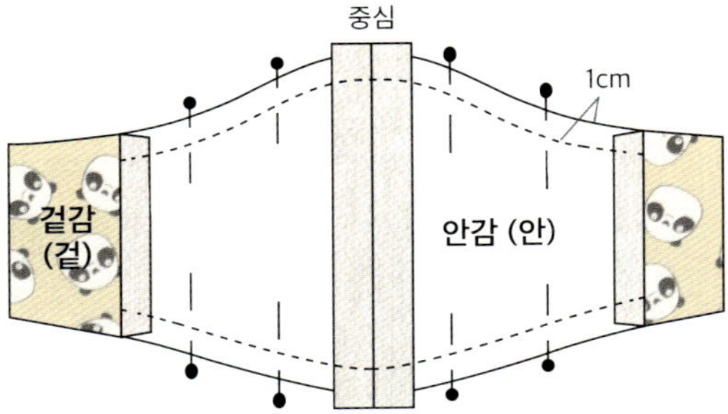

겉감의 겉과 안감의 겉을 중심선을 맞춰 마주하게 놓고 시침핀을 꽂아 고정한다.
위와 아래 가로선(시접 1cm)을 바느질한다.

5

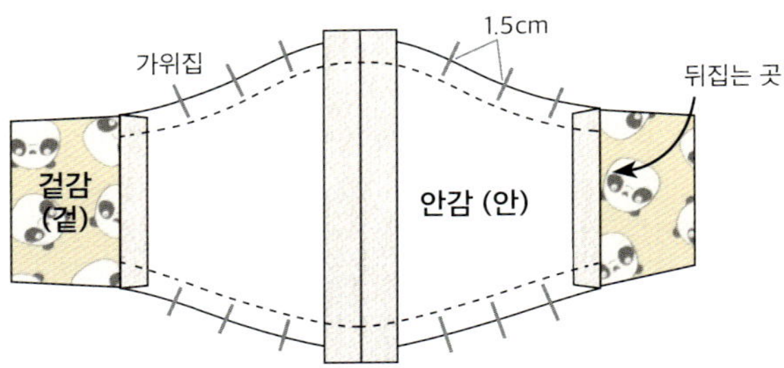

곡선 부분에 1.5cm 간격으로 가위집을 낸다.
뒤집는 곳으로 뒤집는다.

6

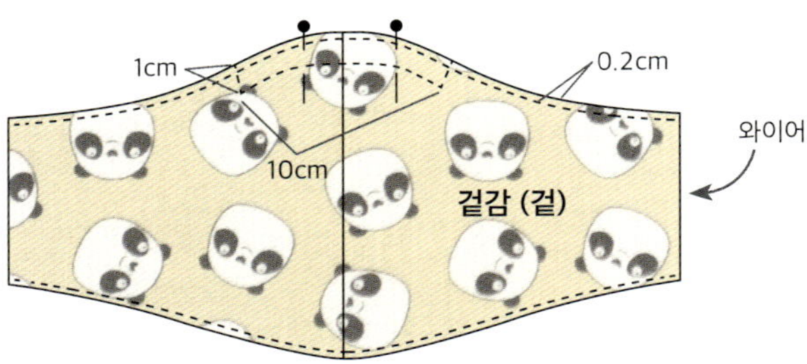

앞중심을 맞추어 와이어를 넣은 후 시침핀으로 고정한다.
와이어 위치에 1cm 폭 10cm 길이로 바느질한다.
위와 아래 가로선을 완성선에서 0.2cm 안쪽으로 상침한다.

7

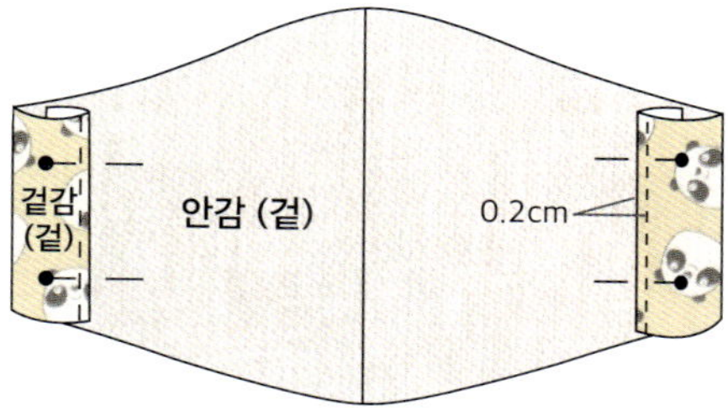

양쪽 옆을 1cm 한 번, 1.5cm 한 번 말아서 시침핀으로 고정한다.
시접 0.2cm 부분을 바느질한다.

8

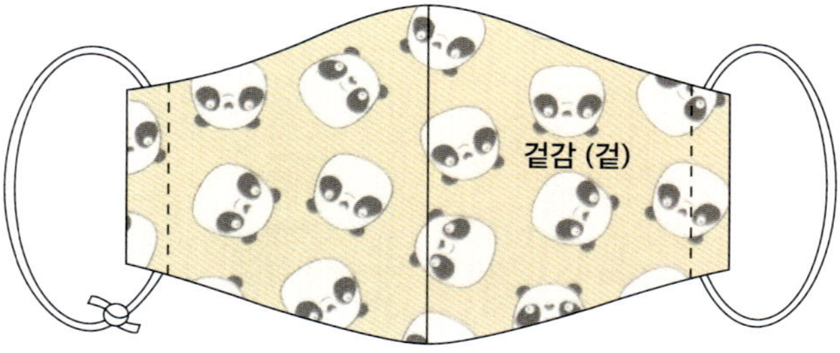

고무줄을 양쪽에 끼워서 매듭을 지어 묶은 후 매듭 부분을 안쪽으로 집어넣는다.
(매듭은 두 줄을 서로 엇갈리게 해서 묶어야 두꺼워지지 않는다.)

06

Filter Mask

필터 교체형 마스크 ❶

좌우 대칭으로 오뚝한 코를 감싸주는 곡선형 디자인에
필터를 옆으로 넣고 빼서 교체할 수 있도록 했어요.
수제 면마스크도 이렇게 '정전기 필터'를 부착하면
보건용 마스크(KF)처럼 분비물을
차단하는 효과가 있다고 해요.*

난이도 ★★★

*서울보건환경연구원 조사 결과(2020.3)

06

Filter Mask

코 부분에 와이어를 넣어서 오뚝하게 세워져요.

필터를 마스크 크기로 잘라서 양옆으로 넣어요.

반으로 접어서 휴대하기 좋아요.

Setting

완성 크기

가로 20cm × 세로 12cm

재료

겉감, 안감(각각 가로 45cm × 세로 25cm),
고무줄 28cm 2개, 와이어 8cm 1개, 교체형 필터, 실물 도안

For
KIDS

어린이용

완성 크기 : 가로 16cm × 세로 10cm
고무줄 22cm 2개, 와이어 6cm 1개

재단하기

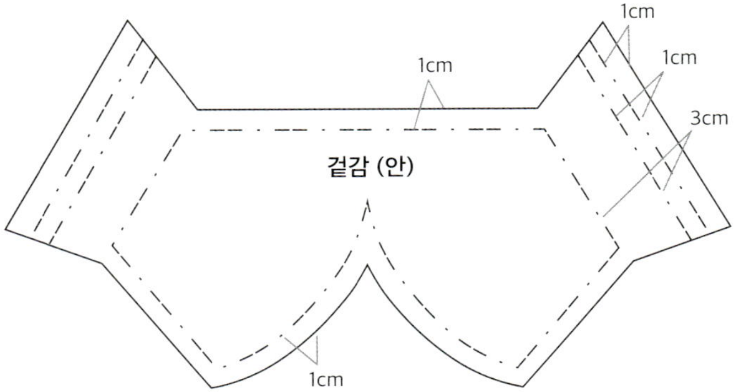

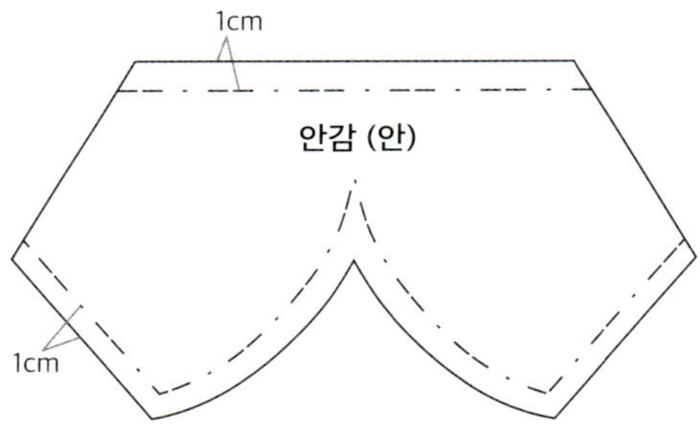

How to make

1

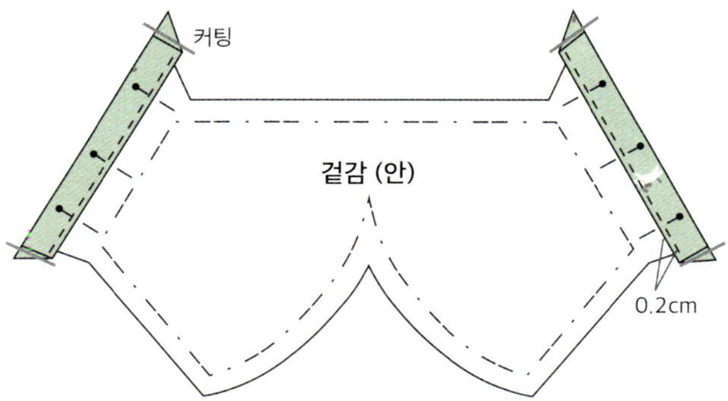

겉감의 양쪽 고무줄 넣는 시접을 안쪽으로 1cm씩 두 번 말아서 시침핀을 꽂는다. 시접에서 0.2cm 부분을 바느질한다. 뾰족하게 튀어나온 부분은 가위로 잘라낸다.

2

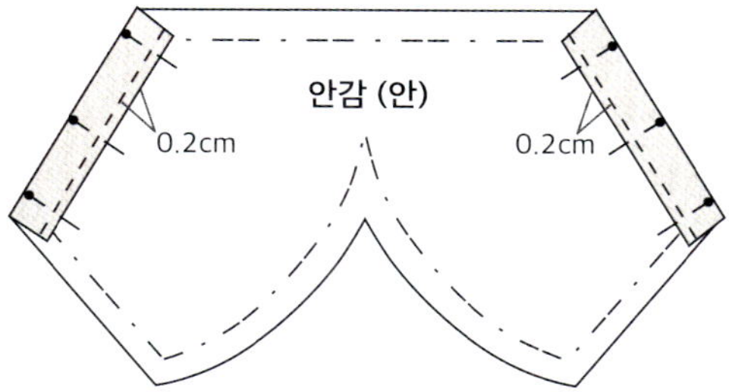

시접을 안쪽으로 1cm씩 두 번 말아서 시침핀을 꽂는다.
시접에서 0.2cm 부분을 바느질한다.

3

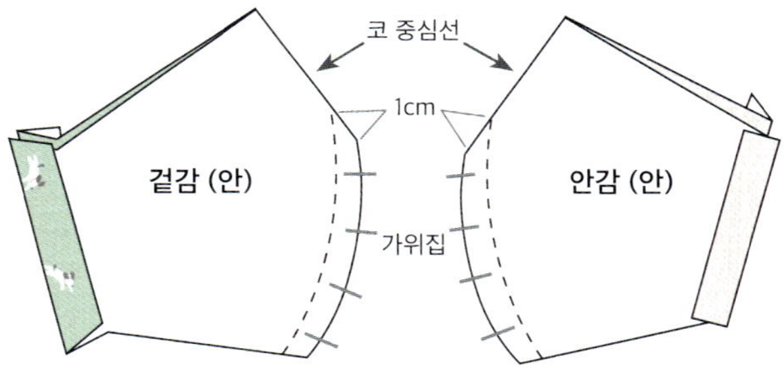

코 중심 세로선을 중심으로 겉감의 겉끼리 마주하게 반으로 접고
아래쪽 곡선 부분을 1cm 안쪽으로 바느질한다. (안감도 동일하게 한다.)
1.5cm 간격으로 가위집을 넣는다.

4

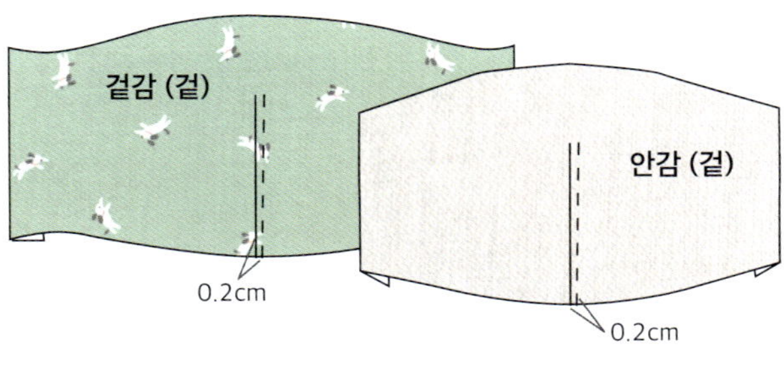

시접을 한쪽으로 넘긴 후 0.2cm 부분을 상침한다. (안감도 동일하게 한다.)

5

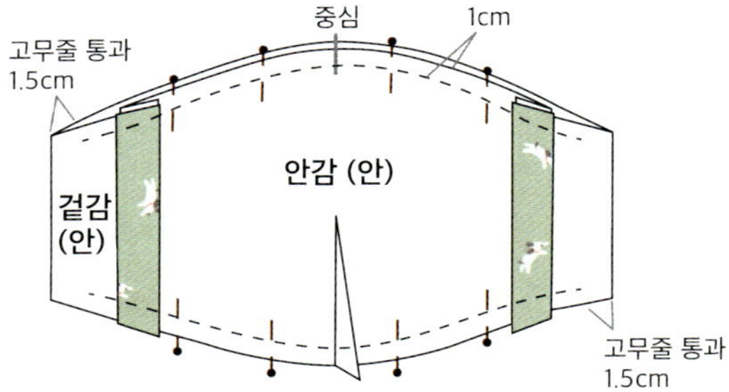

겉감의 겉과 안감의 겉끼리 중심을 맞추어 시침핀을 꽂는다.
양쪽에 고무줄을 끼워 넣을 1.5cm를 제외하고 위아래 1cm 부분을 바느질한다.

6

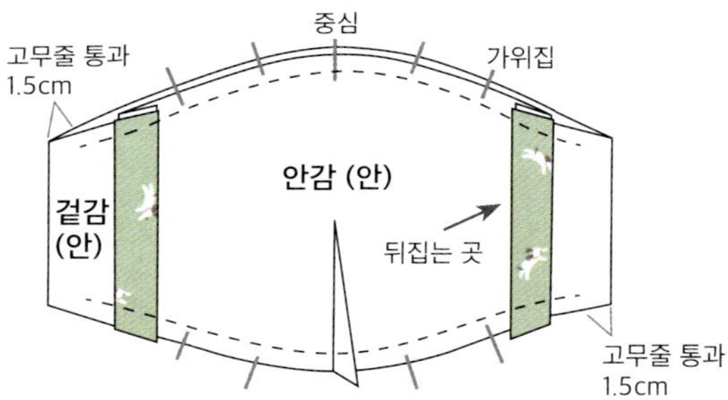

곡선 부분에 가위집을 내고 난 후 뒤집는 곳으로 뒤집는다.

7

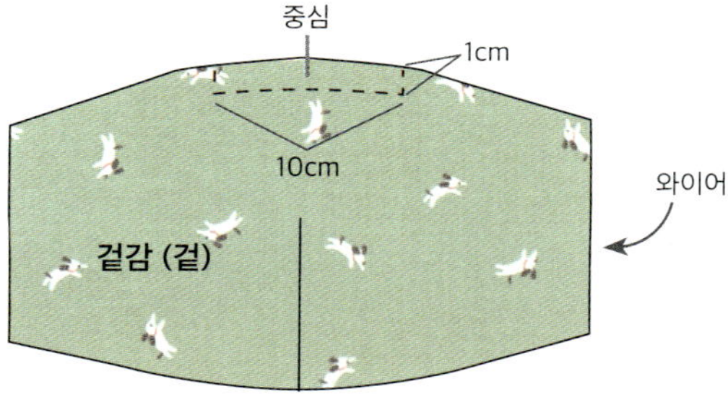

뒤집은 곳을 통해 와이어를 넣고 앞중심을 맞춰 시침핀으로 고정한다.
와이어 위치에 1cm 폭 10cm 길이로 바느질한다.

8

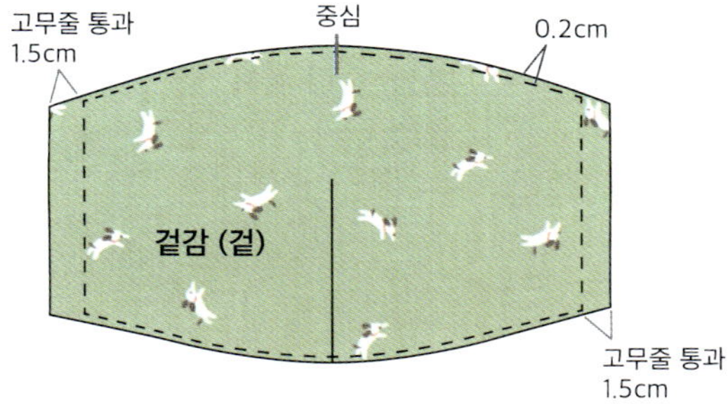

위쪽과 아래쪽은 완성선에서 0.2cm 안쪽으로,
양쪽 옆은 고무줄이 통과하는 1.5cm 안쪽으로 상침한다.

9

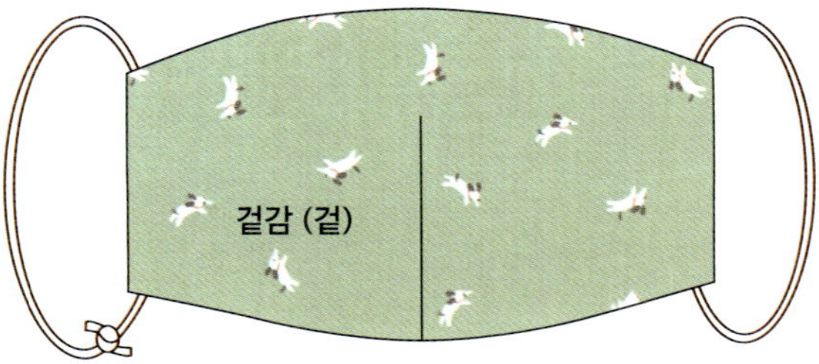

고무줄을 양쪽에 끼워서 매듭을 지어 묶은 후 매듭 부분을 안쪽으로 집어넣는다.
(매듭은 두 줄을 서로 엇갈리게 해서 묶어야 두꺼워지지 않는다.)

10

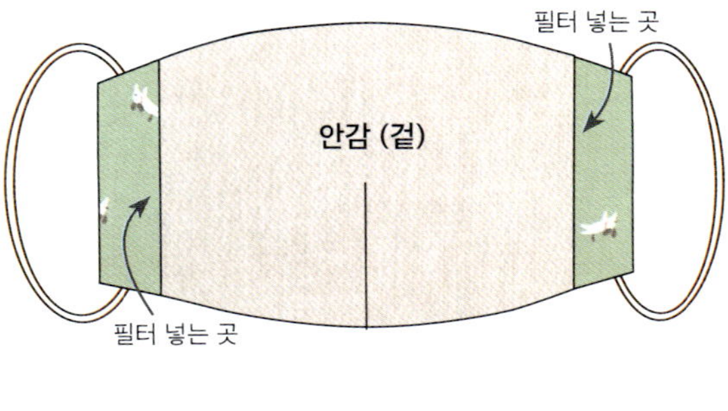

양쪽 옆의 겉감과 안감 사이로 필터를 넣어 착용한다.

07

Filter Mask

필터 교체형 마스크 ❷

좌우 대칭으로 오뚝한 코를 감싸주는 곡선형 디자인에
❶형과 달리 필터를 마치 장지갑처럼 위에서 넣고 뺄 수 있어요.
세탁할 때는 필터는 빼고 마스크만 세탁하고
되도록 매일 새 필터로 갈아주는 게 좋아요.

난이도 ★★★

07

Filter Mask

코 부분에 와이어를 넣어서 오똑하게 세워져요.

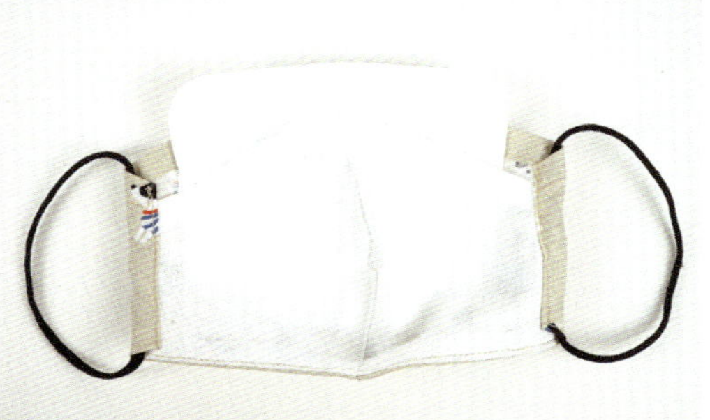

필터를 마스크 크기로 잘라서 위로 넣어요.

반으로 접어서 휴대하기 좋아요.

Setting

완성 크기

가로 20cm × 세로 12cm

재료

겉감, 안감(각각 가로 35cm × 세로 20cm),
고무줄 28cm 2개, 와이어 8cm 1개, 교체형 필터, 실물 도안

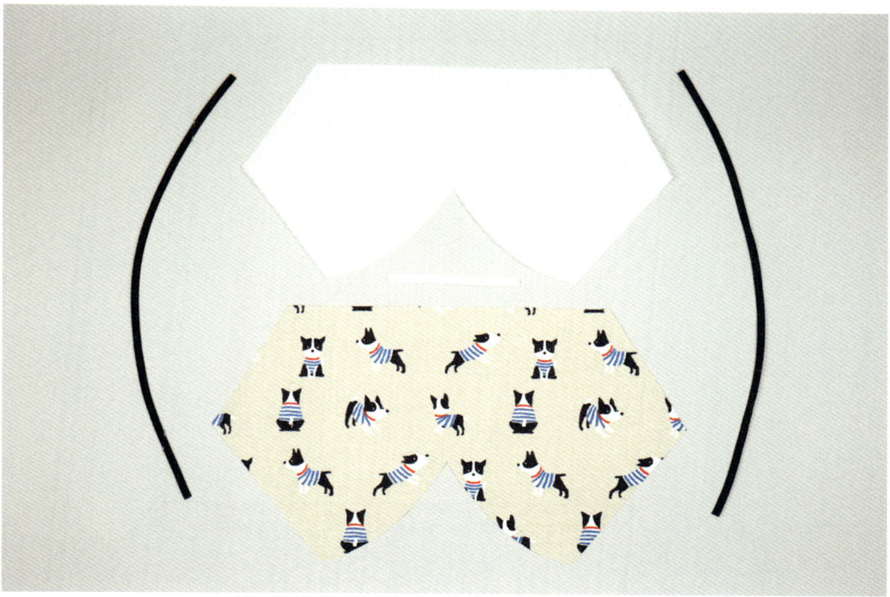

For
KIDS

어린이용

완성 크기 : 가로 16cm × 세로 10cm
고무줄 22cm 2개, 와이어 6cm 1개

재단하기

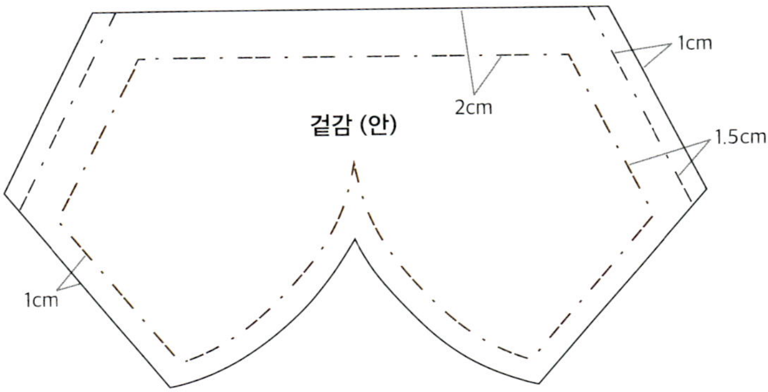

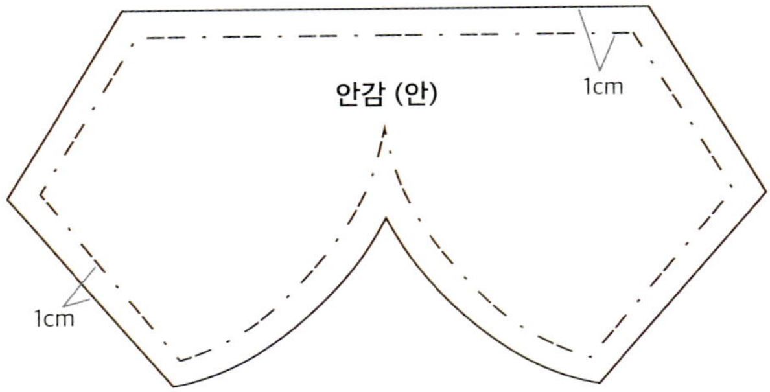

How to make 1

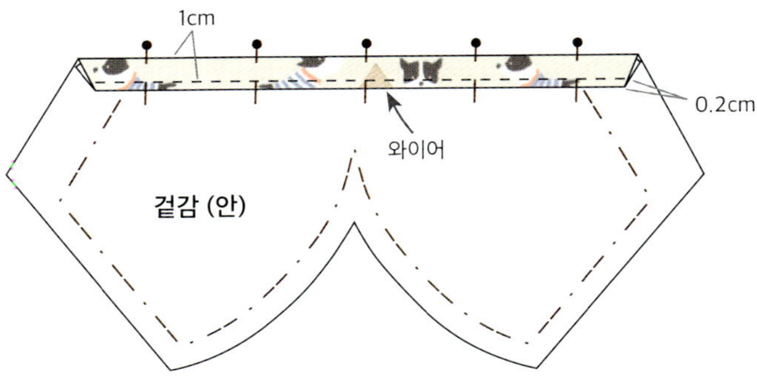

겉감 안쪽 윗부분을 1cm씩 두 번 말아 시침핀을 꽂는다.
시접 안으로 와이어를 끼워 넣고 중심을 맞춘다.
시접의 0.2cm 부분을 바느질한다.

2

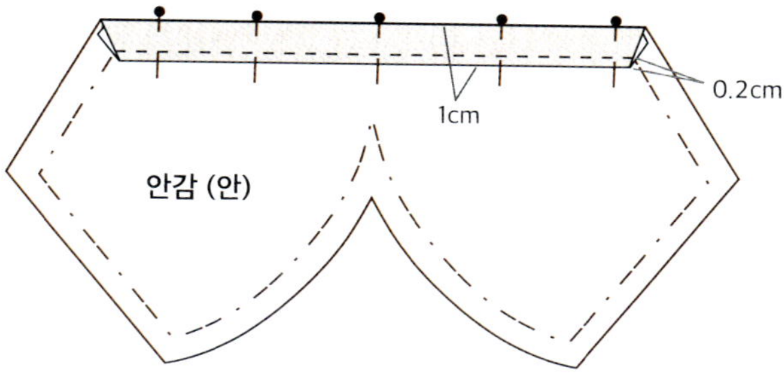

안감 안쪽 윗부분을 1cm씩 두 번 말아 시침핀을 꽂는다.
시접의 0.2cm 부분을 바느질한다.

3

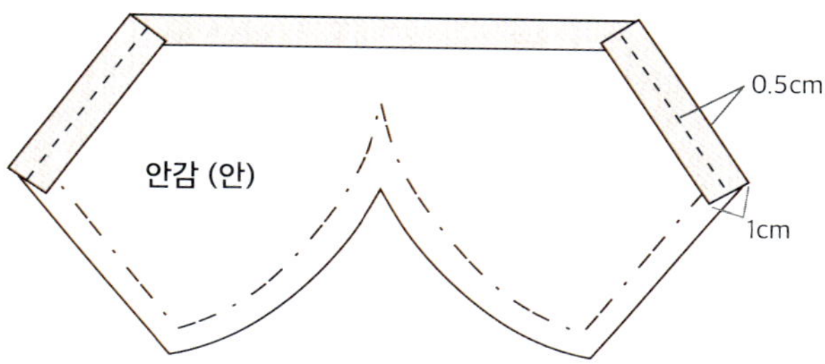

안감 양쪽 세로선을 1cm로 접고 0.5cm 부분을 바느질한다.

4

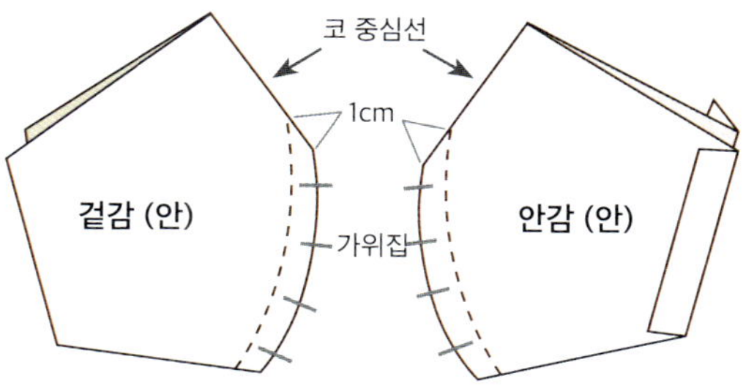

코 중심 세로선을 중심으로 겉감의 겉끼리 마주하게 반으로 접고
아래쪽 곡선 부분을 1cm 안쪽으로 바느질한다. (안감도 동일하게 한다.)
1.5cm 간격으로 가위집을 낸다.

5

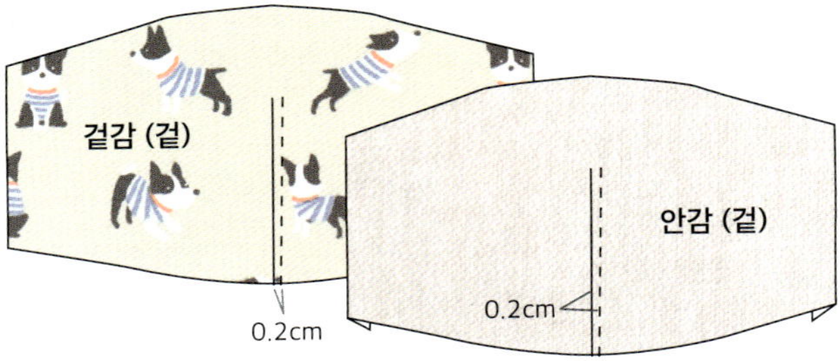

시접을 한쪽으로 넘긴 후 0.2cm 부분을 상침한다. (안감도 동일하게 한다.)
(겉감과 안감 시접을 서로 반대 방향으로 넘겨 겹치지 않게 한다.)

6

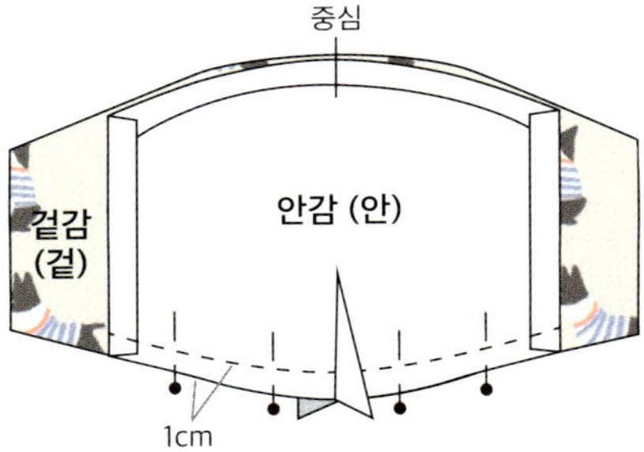

겉감의 겉과 안감의 겉이 마주하도록 중심을 맞춰 놓는다.
아래쪽 1cm 부분에 시침핀을 꽂은 후 바느질하고 곡선 부분에 가위집을 낸다.

7

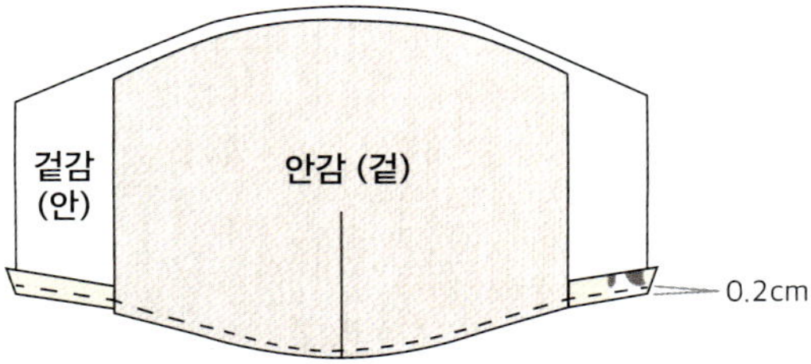

겉감과 안감의 안이 마주하도록 뒤집은 후 아래 곡선의 0.2cm 부분을 상침한다.

8

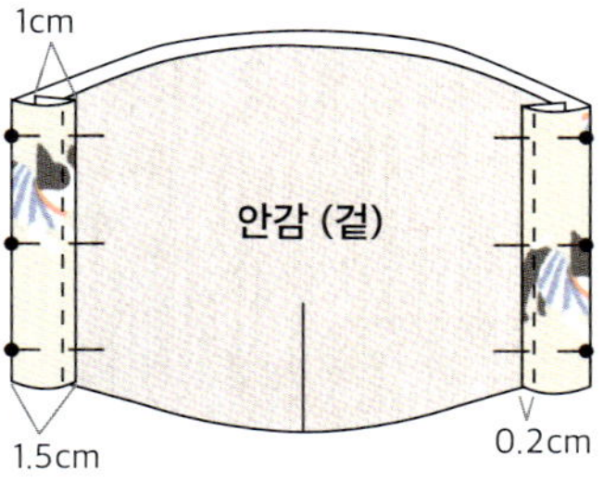

양쪽 옆의 겉감을 안쪽으로 1cm 한 번 1.5cm 한 번 말아 시침핀을 꽂는다.
시접의 0.2cm 부분을 바느질한다.

9

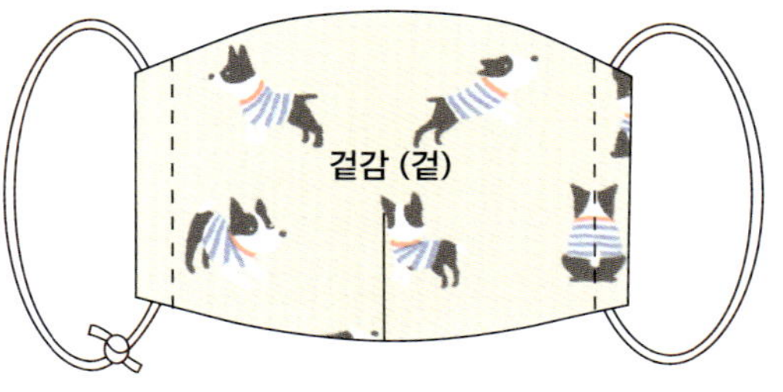

고무줄을 양쪽에 끼워서 매듭을 지어 묶은 후 매듭 부분을 안쪽으로 집어넣는다.
(매듭은 두 줄을 서로 엇갈리게 해서 묶어야 두꺼워지지 않는다.)

10

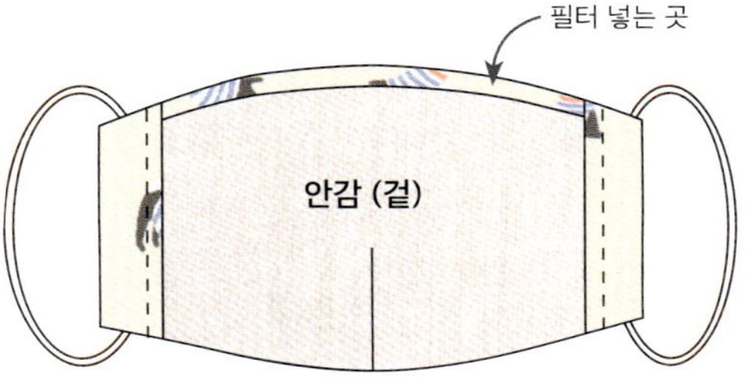

위쪽의 겉감과 안감 사이로 필터를 넣어 착용한다.

Part

2

끈에 따라서

고무줄 끼움형 마스크

고무줄 고정형 마스크

스토퍼형 마스크

바이어스테이프형 마스크

+

업사이클링 마스크

08

Rubber Band Mask

고무줄 끼움형 마스크

코와 턱 부분에 다트를 넣어서
착용했을 때 입체적인 모양이 나와요.
와이어를 코에 맞춰 눌러주어 빈틈을 없앨 수 있어요.
고무줄을 끼워 묶어서 길이를 조절할 수 있어요.

난이도 ★★☆

08

Rubber Band Mask

코와 턱 부분에 다트를 넣어서 모양을 잡았어요.

고무줄을 끼워서 길이를 조절할 수 있어요.

반으로 접어서 휴대하기 좋아요.

Setting

완성 크기

가로 20cm × 세로 12cm

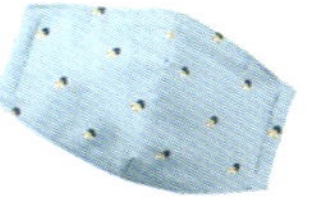

재료

겉감, 안감(각각 가로 35cm × 세로 20cm),
고무줄 28cm 2개, 와이어 8cm 1개, 실물 도안

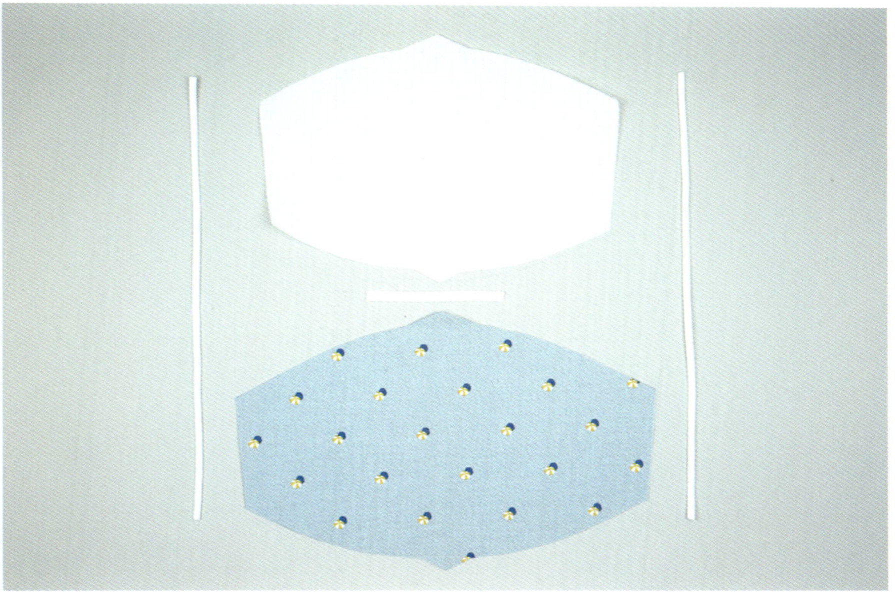

For
KIDS

어린이용

완성 크기 : 가로 18cm × 세로 10cm
고무줄 22cm 2개, 와이어 6cm 1개

재단하기

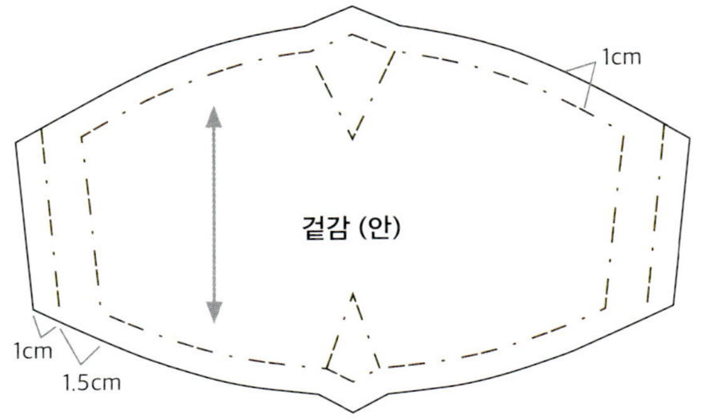

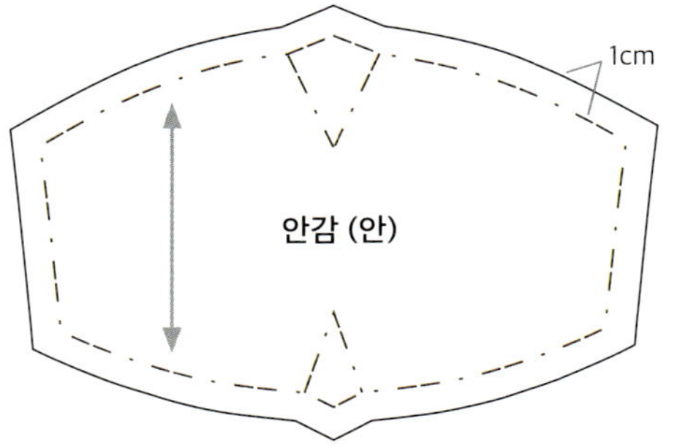

How to make 1

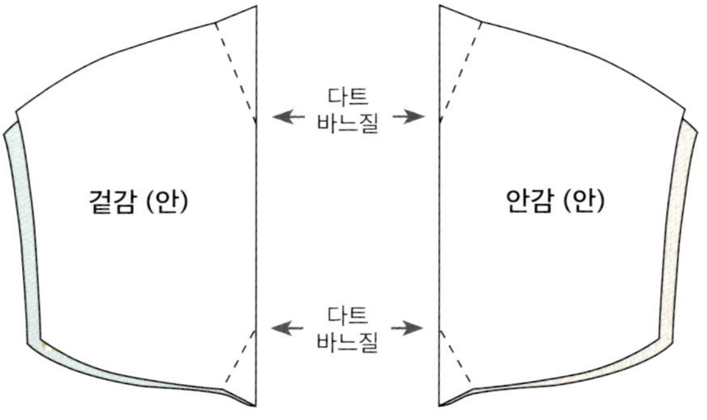

겉감의 겉끼리 마주하도록 반으로 접고 위와 아래의 다트 부분을 바느질한다.
(안감도 동일하게 한다.)

2

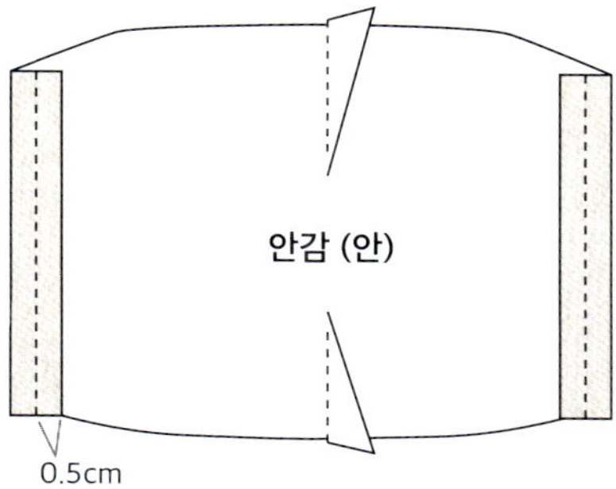

안감의 양쪽 세로 부분을 안쪽으로 1cm 접는다.
시접 0.5cm 부분을 바느질한다.

3

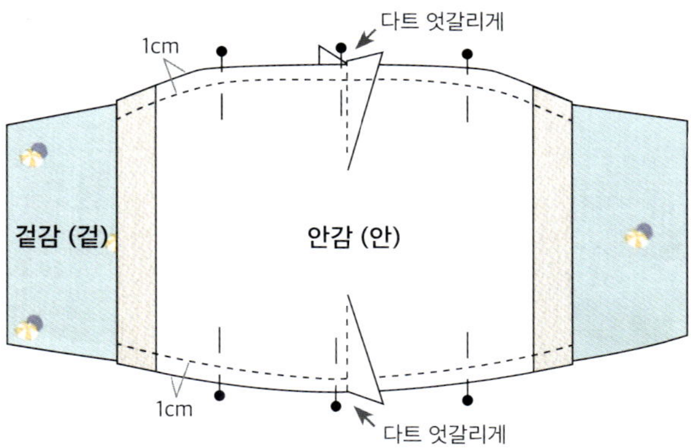

겉감과 안감의 겉을 서로 마주하여 다트 부분이 엇갈리도록
중심을 맞추어 시침핀을 꽂는다.
위쪽과 아래쪽의 가로 1cm 부분에 바느질한다.

4

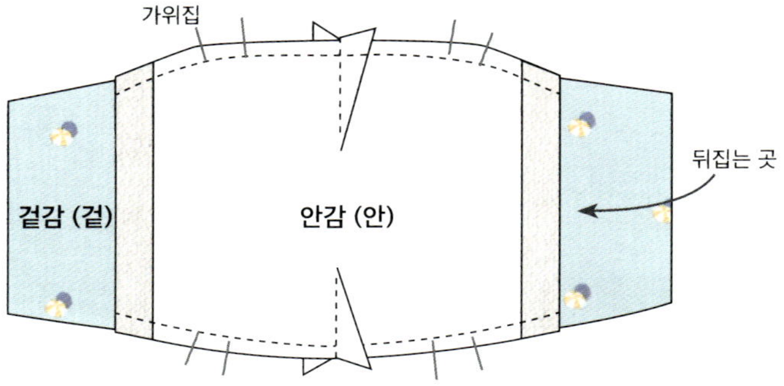

곡선 부분에 가위집을 낸다. 뒤집는 곳으로 뒤집는다.

5

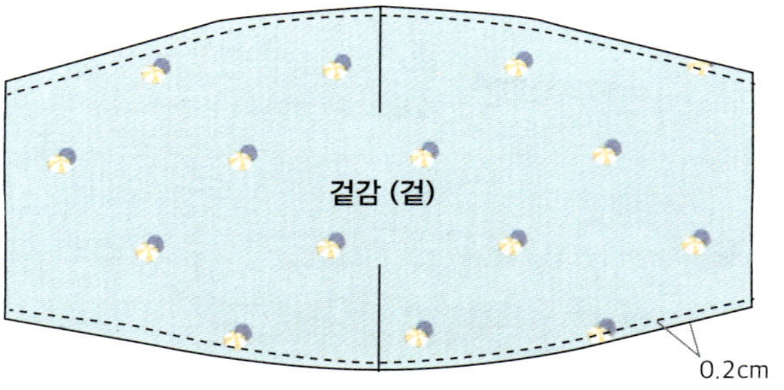

위와 아래 가로선을 완성선에서 0.2cm 안쪽으로 상침한다.

6

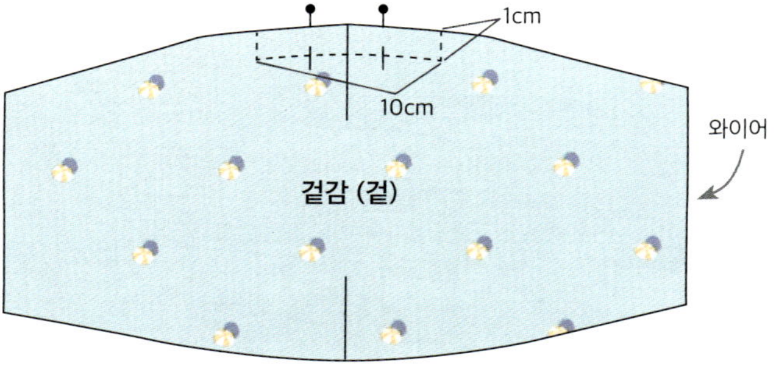

뒤집은 곳을 통해 와이어를 넣고 다트 부분과 중심을 맞춰 시침핀을 꽂는다.
와이어 위치에 1cm 폭 10cm 길이로 바느질한다.

7

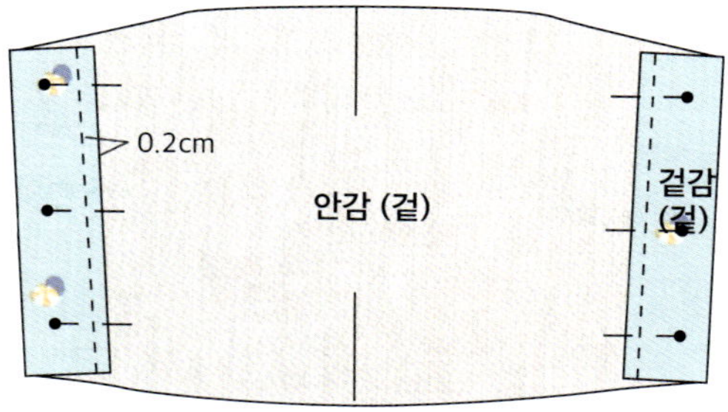

양쪽 옆을 안감 쪽으로 1cm 한 번 1.5cm 한 번 말아 접고 시침핀을 꽂는다.
시접의 0.2cm 부분에 바느질한다.

8

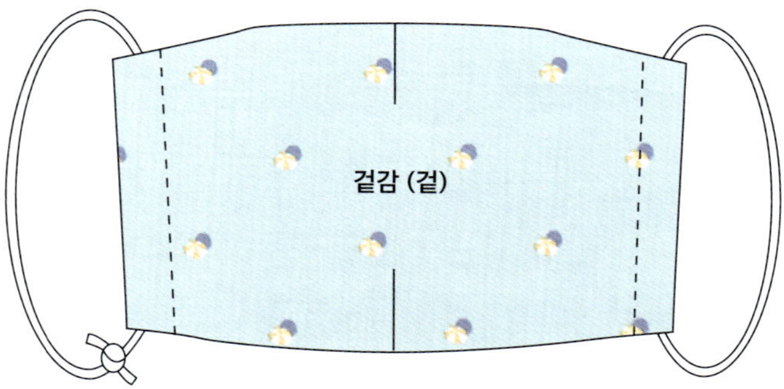

고무줄을 양쪽에 끼워서 매듭을 지어 묶은 후 매듭 부분을 안쪽으로 집어넣는다.
(매듭은 두 줄을 서로 엇갈리게 해서 묶어야 두꺼워지지 않는다.)

09

Rubber Band Mask

고무줄 고정형 마스크

좌우 대칭으로 오똑한 코를 감싸주는 곡선형 디자인에
와이어를 코에 맞춰 눌러주어 빈틈을 없앨 수 있어요.
착용자 사이즈에 맞추어 고무줄 길이를 정해 바느질하기 때문에
나중에 길이를 조절할 수는 없어요.

난이도 ★★☆

09

Rubber Band Mask

코 부분에 와이어를 넣어서 오똑하게 세워져요.

고무줄이 고정되어 있어요.
겉감에 맞추어 검은색 안감과 고무줄을 사용했어요.

반으로 접어서 휴대하기 좋아요.

Setting

완성 크기

가로 17cm × 세로 13cm

재료

겉감, 안감(각각 가로 35cm × 세로 30cm),
고무줄 20cm 2개, 와이어 8cm 1개, 실물 도안

For
KIDS

어린이용

완성 크기 : 가로 16cm × 세로 10cm
고무줄 18cm 2개, 와이어 6cm 1개

재단하기

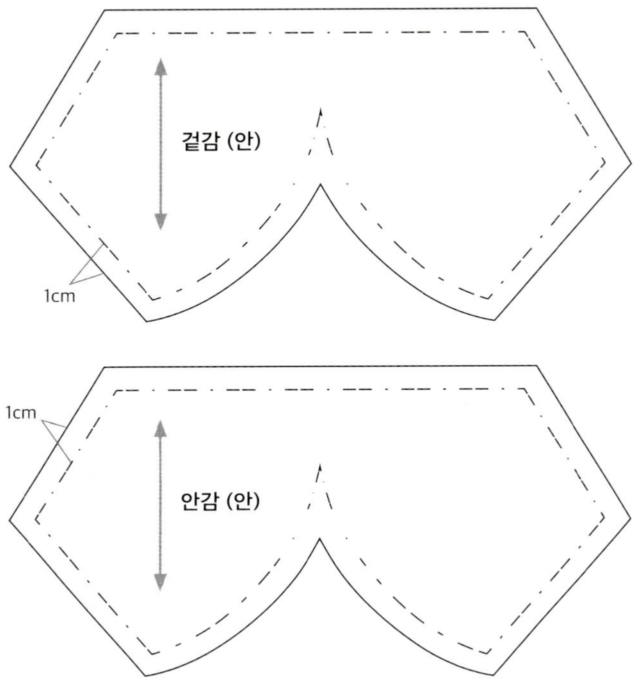

How to make *1*

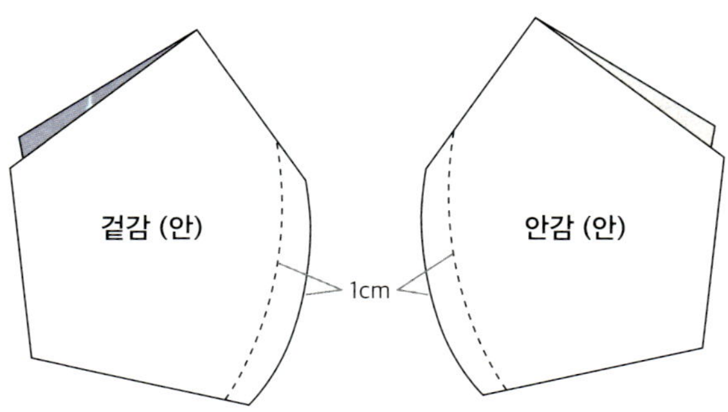

코 부분을 중심으로 겉감의 겉끼리 마주하도록 반으로 접는다.
곡선 부분 1cm 안쪽으로 바느질한다. (안감도 동일하게 한다.)

2

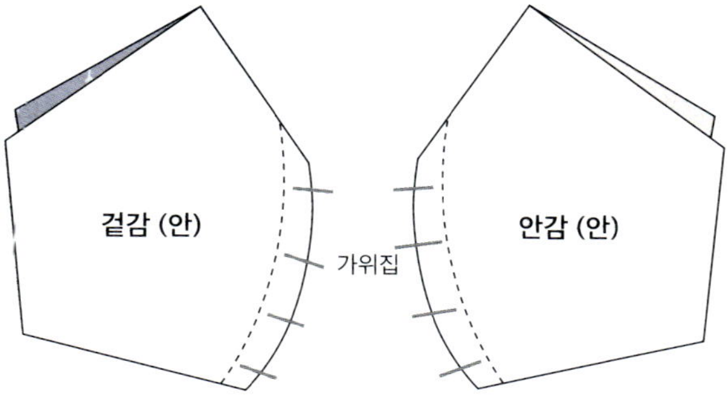

곡선 부분에 가위집을 낸다. (안감도 동일하게 한다.)

3

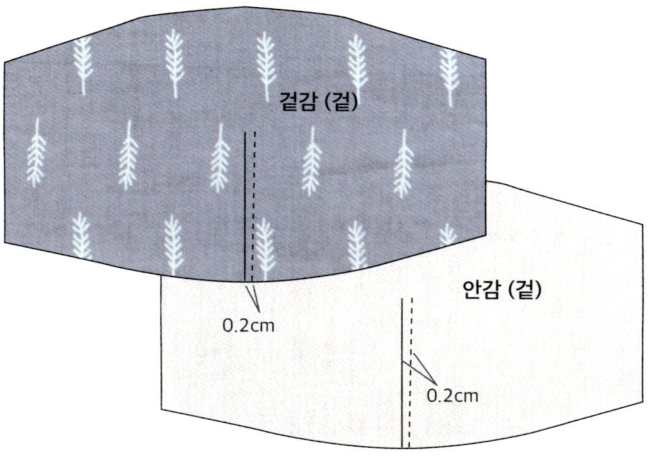

겉감의 중심 시접을 한쪽으로 젖히고 0.2cm 부분에 상침한다. (안감도 동일하게 한다.)

4

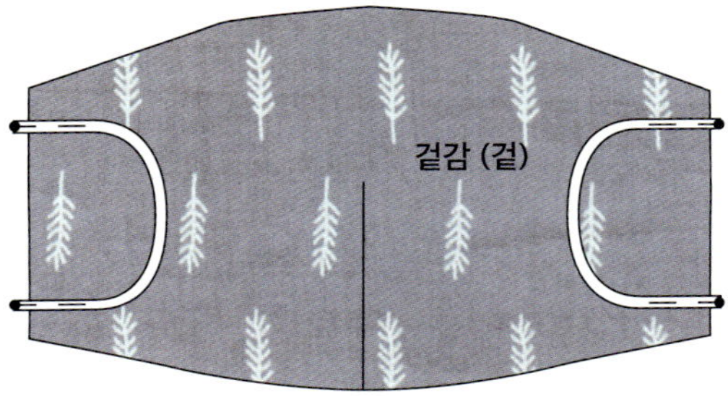

겉감 양쪽에 고무줄을 놓고 시침핀으로 고정한다.

5

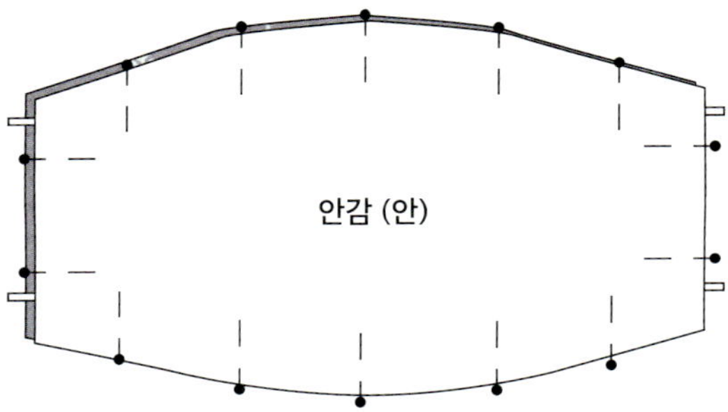

겉감과 안감의 겉이 마주하도록 놓고 시침핀으로 고정한다.

6

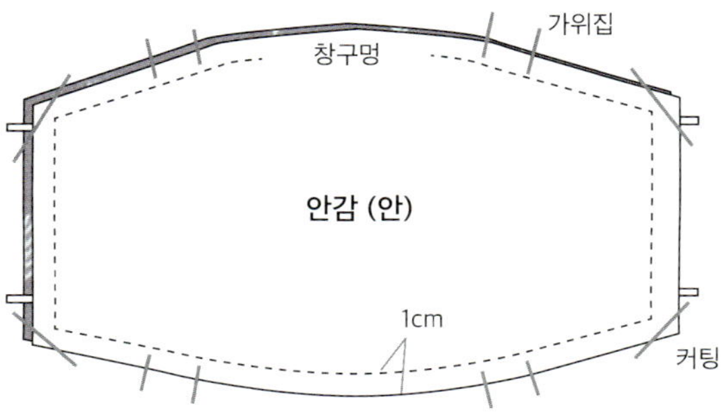

창구멍을 제외하고 1cm 부분을 바느질한다.
모서리 시접은 바느질선에서 0.2cm 남기고 잘라낸다. 곡선 부분에 가위집을 낸다.

7

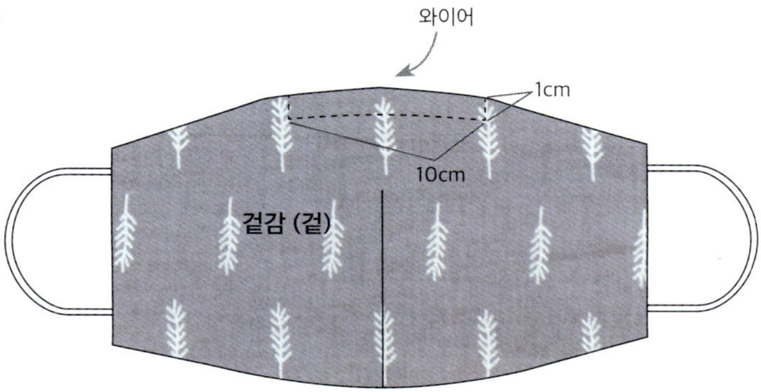

창구멍으로 뒤집은 후 와이어를 넣고 1cm 폭 10cm 길이로 바느질한다.

8

창구멍부터 시작해서 전체를 빙 둘러 0.2cm 부분에 상침한다.

10

Stopper Mask

스토퍼형 마스크

영유아는 하루가 다르게 성장하기 때문에
머리 둘레 사이즈가 계속 변할 수 있죠.
그럴 때는 스토퍼(끈 조임 장치)를 이용해 마스크를 만들면 좋아요.
사이즈 조절이 쉽고 귀 뒤가 당기지 않아 편안해요.

난이도 ★★★

Star

10
Stopper Mask

코 부분에 와이어를 넣어서 오뚝하게 세워져요.

스토퍼로 끈을 조일 수 있어요.

반으로 접어서 휴대하기 좋아요.

Setting

완성 크기

가로 16cm × 세로 10cm

재료

겉감, 안감(각각 가로 35cm × 세로 30cm),
고무줄 30cm 2개, 스토퍼 2개, 와이어 6cm 1개, 실물 도안

For
ADULT

성인용

완성 크기 : 가로 20cm × 세로 15cm
고무줄 35cm 2개, 와이어 8cm 1개

재단하기

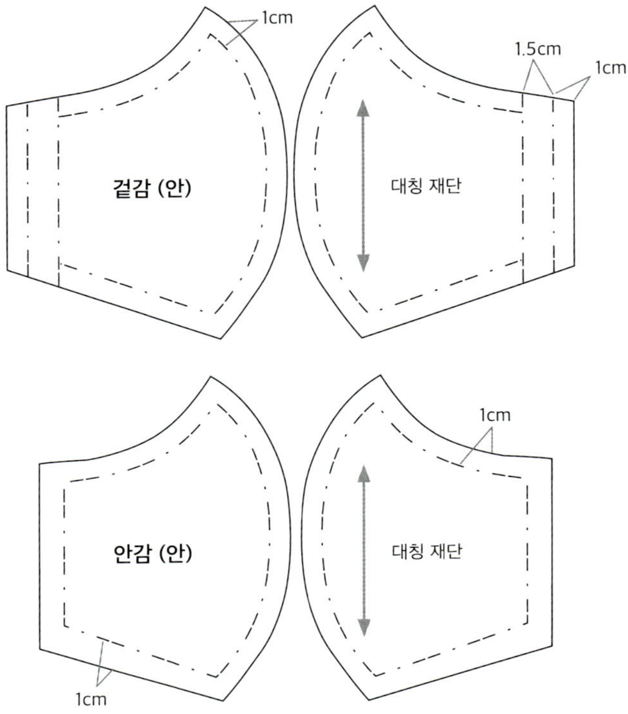

How to make 1

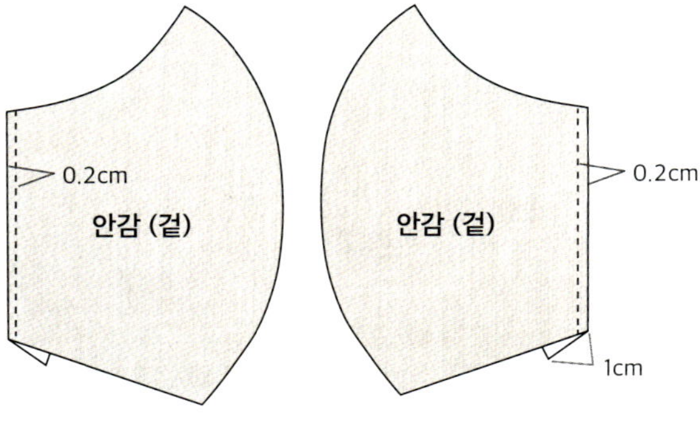

안감의 양쪽 세로 부분을 1cm 접고 0.2cm 되는 위치에 바느질한다.

2

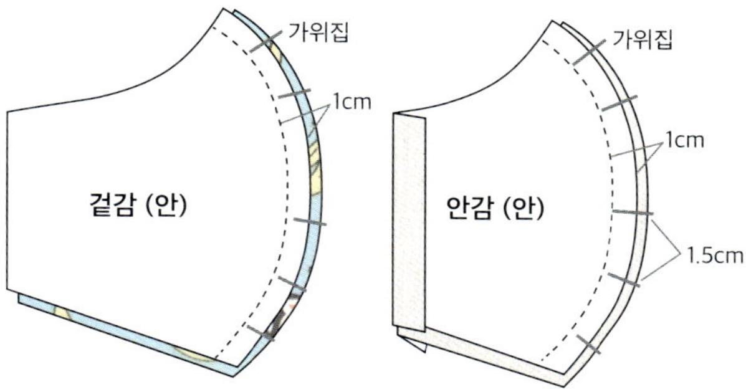

겉감의 겉끼리 마주하게 반으로 접고 곡선 부분(시접 1cm)을 바느질한다.
바느질한 곡선에 1.5cm 간격으로 가위집을 낸다. (안감도 동일하게 한다.)

3

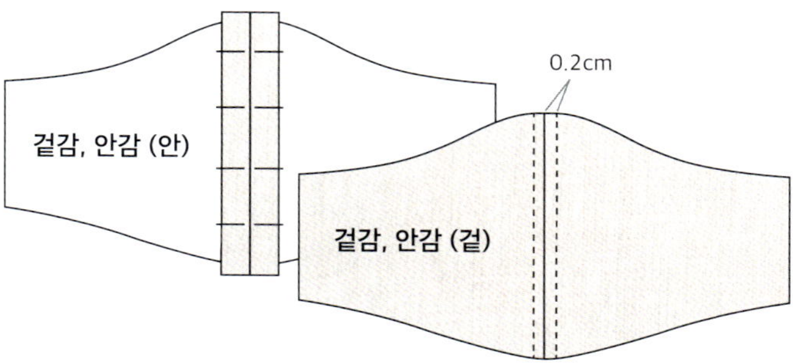

겉감과 안감 시접 부분을 양쪽으로 가름솔한다.
가름솔한 시접 중심선에서 양쪽으로 0.2cm 부분을 상침한다.

4

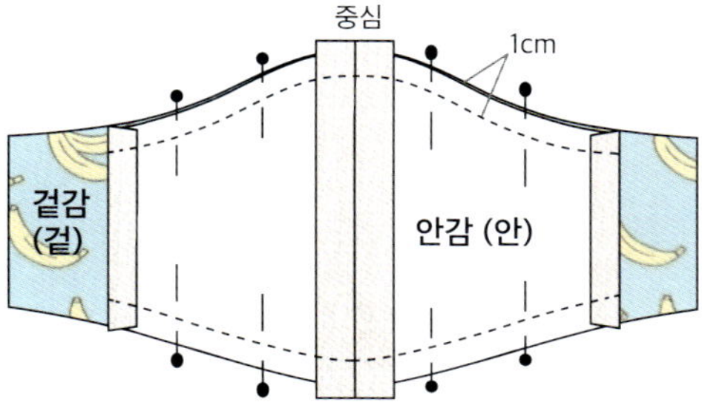

겉감의 겉과 안감의 겉을 중심선을 맞춰 마주하게 놓고 시침핀을 꽂아 고정한다.
위와 아래 가로선(시접 1cm)을 바느질한다.

5

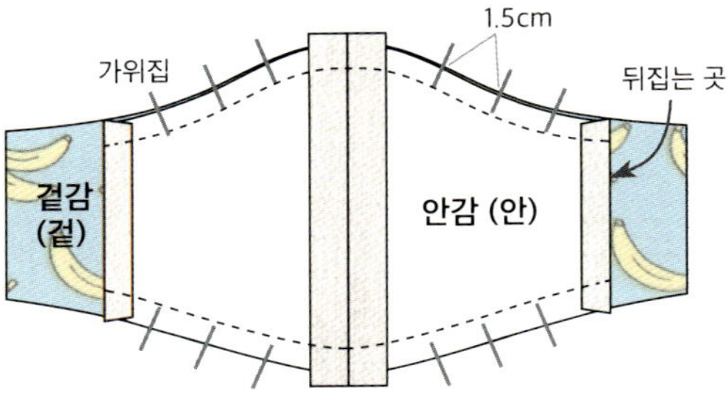

곡선 부분에 1.5cm 간격으로 가위집을 낸다.
뒤집는 곳으로 뒤집는다.

6

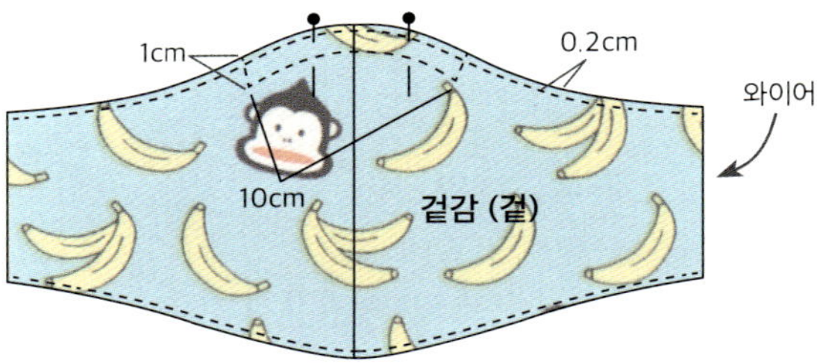

뒤집은 곳을 통해 와이어를 넣고 앞중심을 맞춰 시침핀으로 고정한다.
와이어 위치에 1cm 폭 10cm 길이로 바느질한다.
위와 아래 가로선을 0.2cm 안쪽으로 상침한다.

7

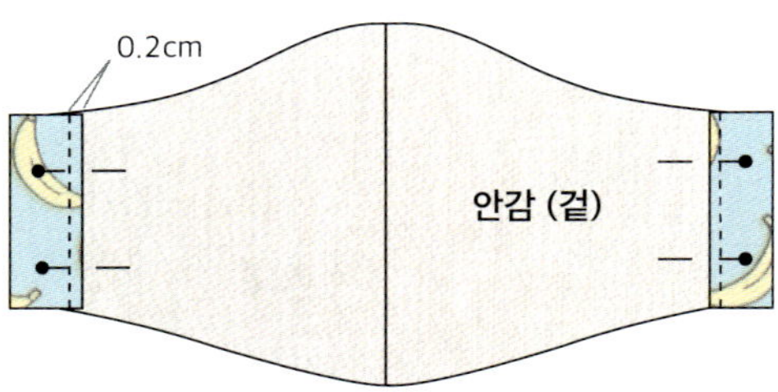

양쪽 옆을 1cm 한 번, 1.5cm 한 번 말아서 시침핀으로 고정한다.
시접 0.2cm 부분을 바느질한다.

8

스토퍼의 스프링을 누른 상태로 고무줄을 양쪽에 끼워서 매듭을 지은 후 매듭 부분을 안쪽으로 집어넣는다.
(매듭은 두 줄을 서로 엇갈리게 묶어야 두꺼워지지 않는다.)

머리 뒤로 끈 조절하기

유아들은 귀에 걸린 끈을 잡아 빼기 쉬운데 이럴 땐 뒤통수 부분에 스토퍼를 채울 수도 있다.

1

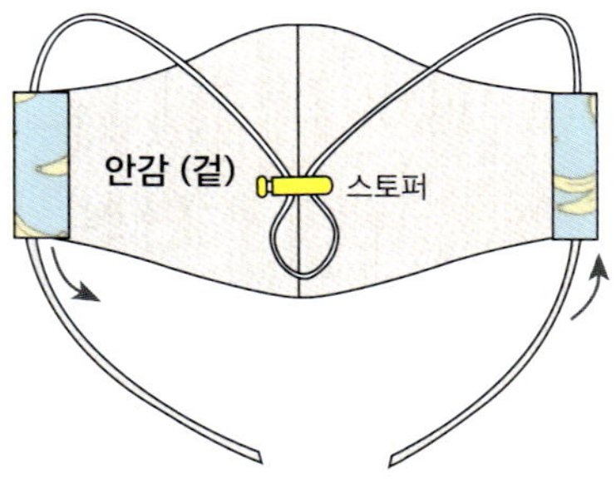

고무줄을 한쪽에서 집어넣어 스토퍼에 끼운 후 반대쪽으로 집어넣는다.

2

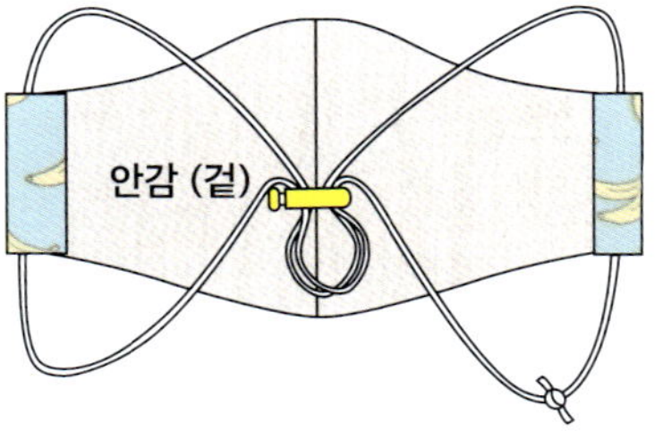

통과한 고무줄을 다시 스토퍼에 끼운 후 고무줄 끝끼리 매듭을 짓는다.
(매듭은 두 줄을 서로 엇갈리게 묶어야 두꺼워지지 않는다.)
매듭 부분을 안쪽으로 집어넣어 숨긴다.

11

Bias Tape Mask

바이어스테이프형 마스크

시접 처리나 원단 끝부분을 감쌀 때 쓰는
바이어스테이프를 이용한 마스크예요.
자극이 적고 사이즈 조절이 편해서 유아용에 적합해요.
신축성이 있는 바이어스테이프를 따로 구입해 써도 좋고,
원단을 사선 방향으로 3.5~4cm 폭으로 잘라서 만들 수도 있어요.

난이도 ★★★

11

Bias Tape Mask

코와 턱 부분에 다트를 넣어서 모양을 잡았어요.

바이어스테이프를 묶어 길이를 조절할 수 있어요.

반으로 접어서 휴대하기 좋아요.

Setting

완성 크기

가로 14cm × 세로 11cm

재료

겉감, 안감(각각 가로 25cm × 세로 25cm),
바이어스 8cm 2개, 50cm 2개, 실물 도안

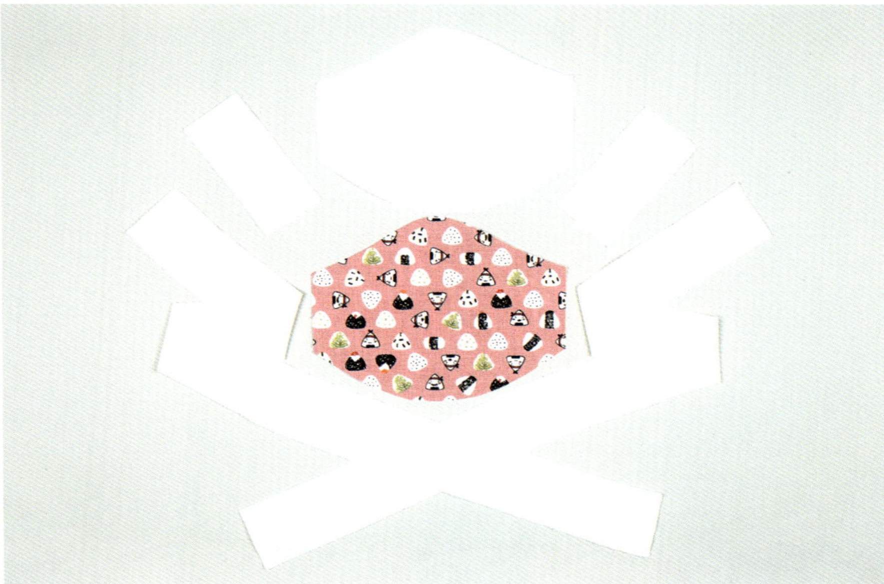

For

ADULT

성인용

완성 크기 : 가로 18cm × 세로 13cm
바이어스 8cm 2개, 60cm 2개

재단하기

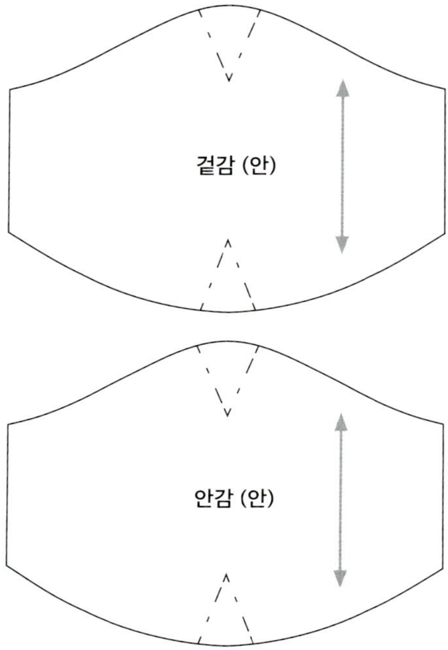

How to make 1

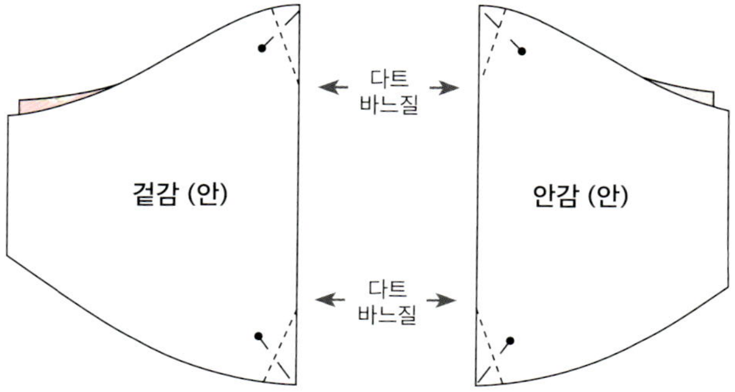

겉감의 겉끼리 마주하도록 반으로 접고 위아래 다트를 시침핀으로 고정한 후 바느질한다.
(안감도 동일하게 한다.)

2

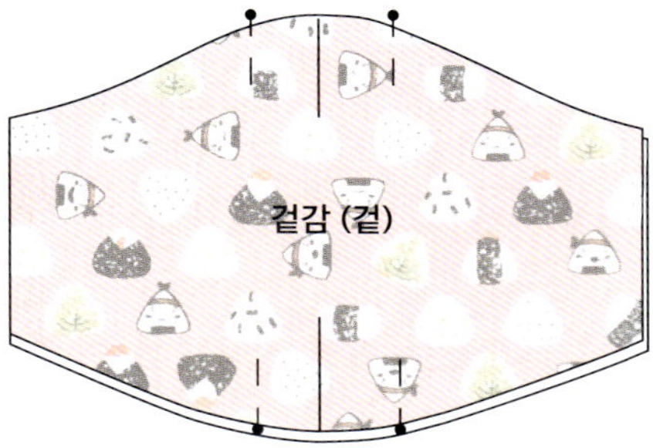

겉감과 안감의 안이 마주하도록 시침핀을 꽂아 고정한다.

3

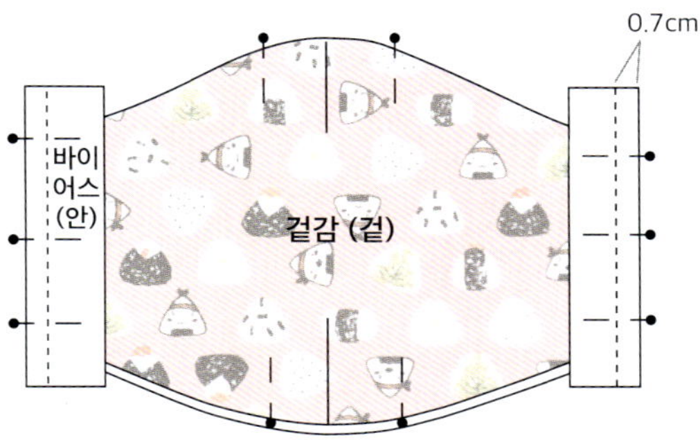

겉감 양쪽에 8cm 길이 바이어스를 올려놓고 시침핀으로 고정한다.
양쪽 0.7cm 부분을 바느질한다.

4

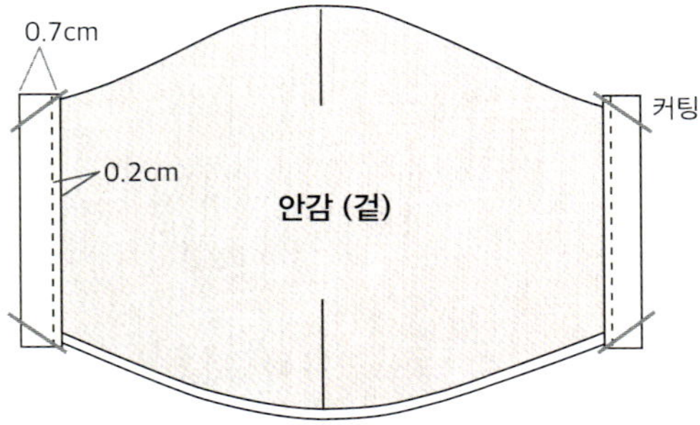

안감 쪽으로 뒤집은 후 바이어스를 0.7cm씩 두 번 접는다.
시접 0.2cm 부분을 바느질한다. 곡선에 맞춰 바이어스 끝을 가위로 잘라낸다.

5

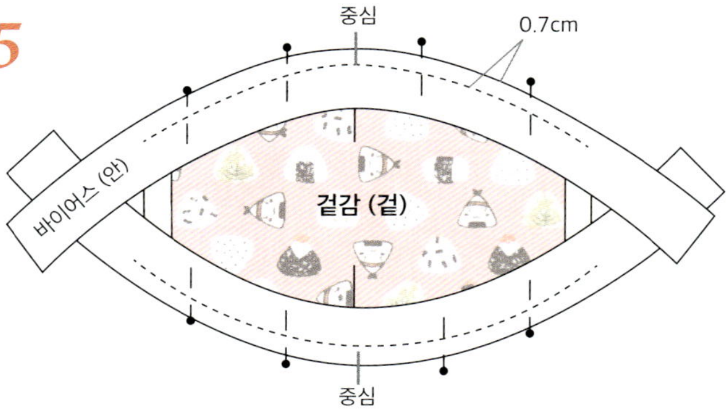

마스크 겉감의 겉과 50cm 길이 바이어스의 겉이 마주하도록
중심을 맞추어 시침핀으로 고정한다.
위와 아래 0.7cm 부분을 바느질한다.

6

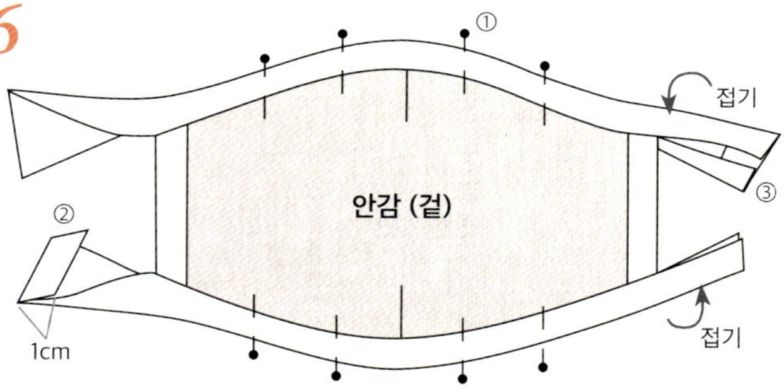

① 바이어스 시접을 안감의 겉으로 보내고 0.7cm 간격으로
 두 번 접어 시침핀으로 고정한다.
② 바이어스 끝을 1cm 안으로 접어서 다림질한다.
③ 4군데의 바이어스를 반으로 접은 후 한 번 더 접어 다림질한다.

7

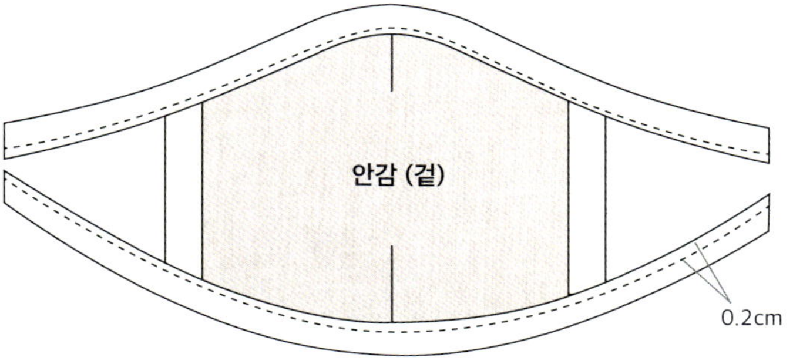

바이어스 시접 0.2cm 부분을 바느질한다.

8

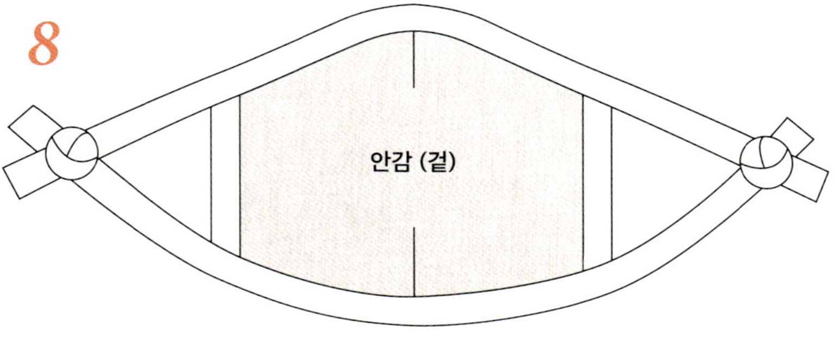

얼굴 크기에 맞추어 끈을 묶어서 착용한다.

12

Upcycling Mask

업사이클링 마스크

마스크는 얼굴에 입는 옷과 같아요.
특히 '숨이 잘 쉬어지는' 옷이나 마찬가지죠.
그럼 더는 입지 않는 헌옷을 업사이클링해 마스크를 만들 때
어떤 재료를 고르면 좋을까요?

티셔츠, 와이셔츠(남방), 내의, 손수건 등,
어느 종류든 활용 가능하지만, 합성섬유가 아니라
삶아도 좋은 면 100% 천연섬유가 가장 적합합니다.

입던 옷이나 손수건 등을 깨끗하게 세탁한 후
입과 코에 대고 숨을 쉬어보세요.
숨이 잘 쉬어지나요?
그럼 마스크 원단으로 합격입니다.
면 원단이라도 너무 두꺼워서 숨쉬기 곤란한 옷감은 적합하지 않습니다.

옷 안쪽에 있는 원단 성분표시를 참고합니다.

티셔츠

와이셔츠

내복

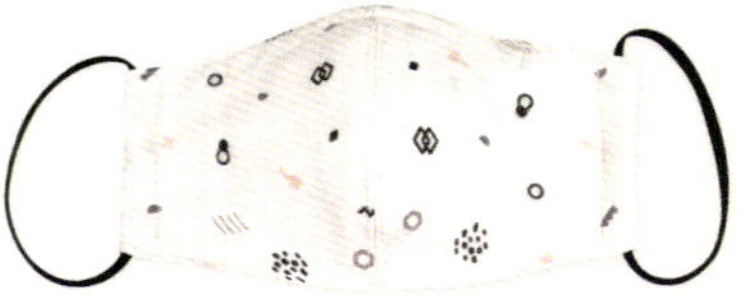

재단 예시

책 속에서 원하는 스타일의 패턴을 활용해 재단합니다.

부록

바이러스로부터 내 몸을 지키는
올바른 마스크 사용법

+

재료 구입처

바이러스로부터 내 몸을 지키는

올바른 마스크 사용법

기껏 예쁘고 튼튼한 마스크를 만들어놓고
잘못된 방식으로 착용하면 아무 소용이 없겠죠.
특히 감염병을 예방할 목적일 때는 올바른 사용법이 더욱더 중요해요.
아이가 혼자서도 잘 착용할 수 있게 하나하나 알려줘볼까요.

착용 전

마스크를 만지기 전에는 비누나 손세정제를 이용해 흐르는 물에 손을 씻어요.

'30초 손씻기 동요'를 부르면서 꼼꼼히 씻도록 지도해요. 손씻기가 귀찮고 억지로 해야 하는 일이 아니라 즐겁고 건강한 습관이 될 수 있도록요.

착용 시

마스크를 펼쳐서 입과 코가 완전히 가려지게 덮어주세요. 끈을 귀에 걸고, 코에 와이어가 들어 있는 제품이라면 콧등에 밀착되게 꾹 눌러주세요. 얼굴과 마스크 사이에 틈이 없어야 해요.

착용 후

마스크를 벗을 때는 끈만 잡고 벗기고, 또 바로 손을 씻으면 좋아요. 핸드메이드 마스크는 세탁해서 얼마든지 다시 사용할 수 있어요.

세탁법

면마스크는 뜨거운 물에 세탁하면 원단이 변형되고
섬유가 헐거워져서 감염병 예방 기능이 떨어질 수 있으니 삶지 마세요.
세탁기보다는 비누나 중성세제로 미지근한 물에 손빨래하는 것이 가장 좋아요.
이때 표백제는 마스크를 변형시킬 수 있으니까 쓰지 않는 것이 좋고요.
세탁한 마스크는 세게 비틀어서 물을 짜내지 말고
살짝 물기만 제거해 잘 펴서 말려주세요.

이런 사람 꼭 있다!

- 마스크 안에 휴지 등을 넣어 착용하면 밀착력이 떨어져서 더 안 좋아요.
- 마스크를 쓴 채로 계속 만지면 균이 옮겨질 수 있어요. 처음에 꼭 맞게 착용하고 다시 만지지 않도록 해요.
- 무조건 강력한 필터나 두꺼운 원단을 쓴다고 좋은 건 아니에요. 노약자나 호흡기가 약한 사람은 오히려 호흡이 어려울 수 있으니, 쓴 채로 숨을 충분히 쉬어보고 나서 자기에게 괜찮은 걸로 사용하도록 해요.

(참고: 질병관리본부 "코로나19 올바른 마스크 착용법", MBC 뉴스 "[스마트 리빙] 면마스크 삶지 마세요" 등)

재료 구입처

온라인

더핸즈	https://www.thehandz.com/
패션스타트	https://www.fashionstart.net/
천싸요	http://www.1004yo.com/
천가게	http://www.1000gage.co.kr/
삼식이원단	http://www.3amsic.com/
하나워터	http://www.hana-water.kr/ 교체용 필터는 전문 인증을 받은 것을 권장한다.

오프라인

예천상사	동대문종합시장 D동 1778호 (02-2275-7740)	와이어, 고무줄, 바느질 기본 도구 전문
데일리라이크	동대문종합시장 A동 5017~5018호 (02-2285-1990)	겉감용 원단 전문
솜틀베틀	동대문종합시장 C동 1007호 (02-2267-0402)	안감용 소창 광목 삼베 전문
물레사	동대문종합시장 B동 3040호 (02-2273-1298)	안감용 아사 광목 거즈 전문

+ 재봉틀 및 부자재 구입처

주끼미싱	http://juki-korea.co.kr/
봉트리살롱	https://blog.naver.com/beaver55/

내 손으로 건강하게, 예쁘게, 즐겁게
핸드메이드 마스크

초판 1쇄 인쇄 2020년 5월 10일
초판 1쇄 발행 2020년 5월 20일

지은이 김윤주
펴낸이 송주영
펴낸곳 (주)북센스
편집 장정민, 양선화
디자인 엘리펀트스위밍
사진 무드스튜디오 김도연, 이동원
마케팅 오영일

출판등록 2019년 6월 21일 제2019-000061호
주소 서울시 은평구 통일로684 서울혁신파크 미래청 401호
전화 02-3142-3044 팩스 0303-0956-3044 이메일 ibooksense@gmail.com

ISBN 978-89-93746-70-9 13590

· 이 도서의 국립중앙도서관 출판예정도서목록(CIP)은 서지정보유통지원시스템 홈페이지(http://seoji.nl.go.kr)와 국가자료종합목록 구축시스템(http://kolis-net.nl.go.kr)에서 이용하실 수 있습니다. (CIP제어번호 : CIP2020016566)

· 책값은 뒤표지에 있습니다.

스크 ❷

마스크

고무줄 끼움형 마스크

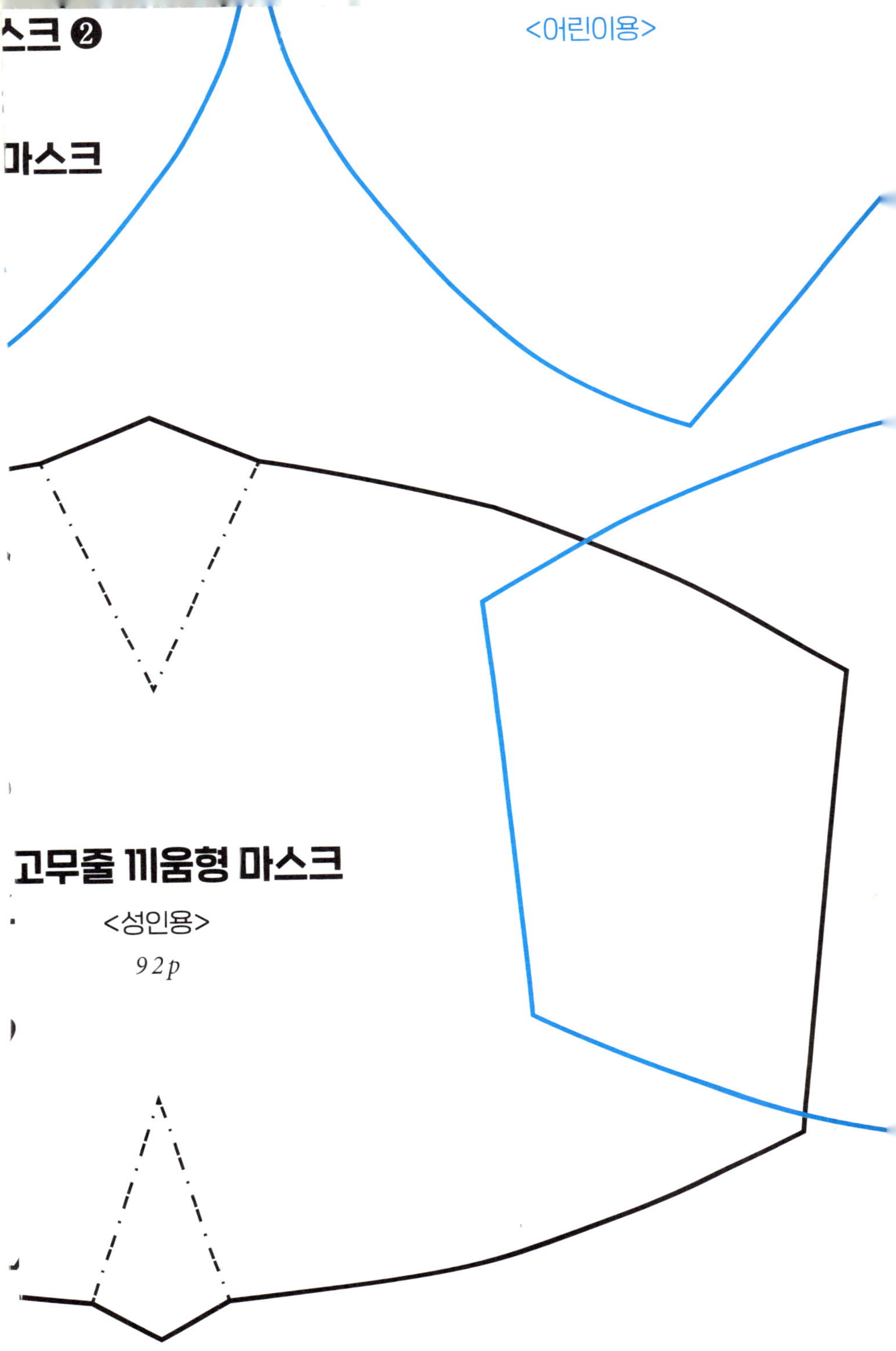

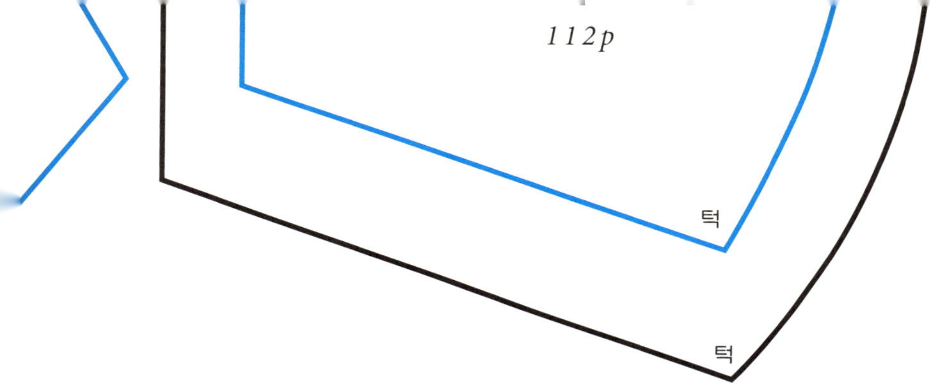

8. 고무줄 끼움형 마스크

<어린이용>

92p

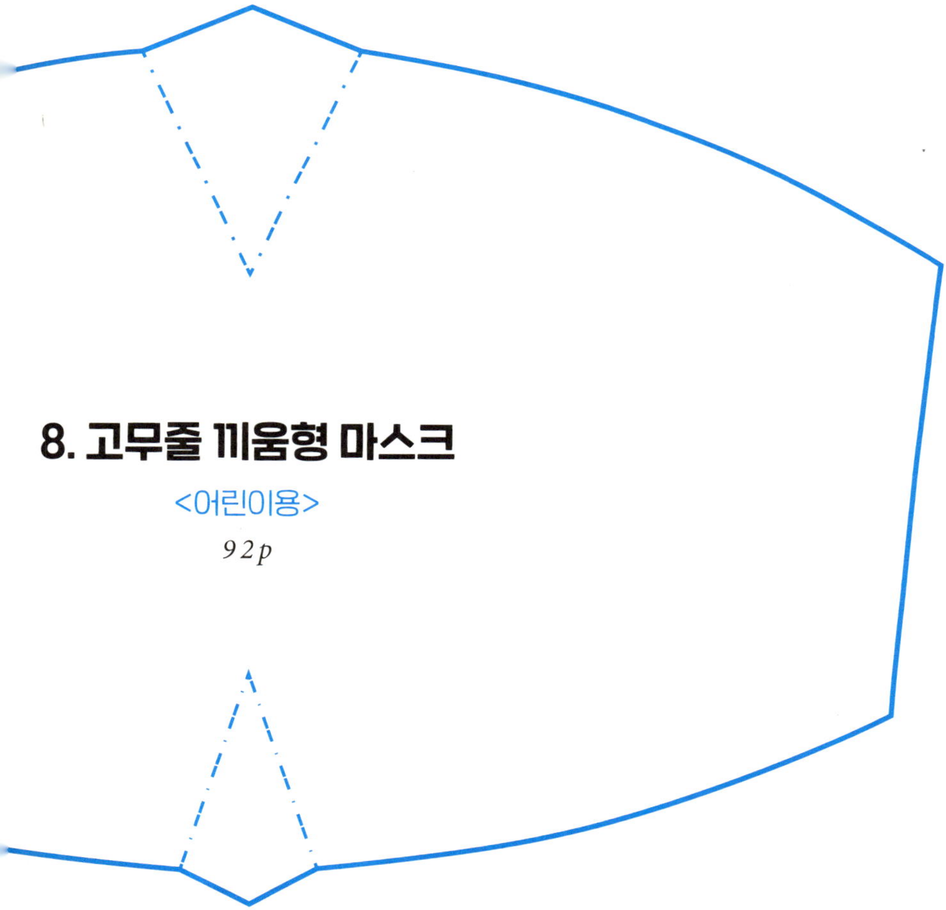